Mara von Eichen

AF279993

Wenn der letzte Vorhang fällt, beginnt das wahre Leben

Wenn der letzte Vorhang fällt, beginnt das wahre Leben

Mara von Eichen

IMPRESSUM

© 2025 Mara von Eichen

Verlag: BoD · Books on Demand GmbH,

Überseering 33, 22297 Hamburg, bod@bod.de

Druck: Libri Plureos GmbH,

Friedensallee 273, 22763 Hamburg

ISBN: **978-3-8192-1344-1**

Inhaltsverzeichnis

EINLEITUNG

„Der letzte Vorhang – ein Anfang"

„Die Bühne des Lebens ist voller Rollen – doch nur der Mensch ohne Maske erkennt sich selbst."– Mara von Eichen

Du bist nicht hierhergekommen, um eine Rolle perfekt zu spielen.

Du bist nicht in diese Welt getreten, um dich anzupassen, dich klein zu machen oder um in einem System zu funktionieren, das dich vergessen ließ, wer du bist.

Du bist hier, um dich zu erinnern.

Viele leben in einem Theater, das sie für die Welt halten.

Sie spielen ihre Figuren – Frau, Herr, Richter, Arbeitnehmer, Schuldner – und glauben, das sei ihr Sein.

Doch wenn der letzte Vorhang fällt, bleibt von all dem nichts.

Kein Titel. Kein Urteil. Keine Rolle.

Was dann bleibt, ist das Wahre.

Der Mensch.

Die Quelle.

Die Stimme in dir, die du schon als Kind kanntest, als du noch nicht konditioniert, gezähmt, gezwungen warst.

Dieses Buch ist eine Einladung, dich zu erinnern.

Dich zu erinnern an deine Souveränität, an deinen Willen, an deine Schöpferkraft.

Nicht als esoterisches Konzept, sondern als klare, fühlbare Wahrheit, die du in jeder Zelle spüren kannst, wenn du dir erlaubst, dich selbst wieder wahrzunehmen.

Wir werden gemeinsam Worte entwirren, Begriffe aufdecken, Schleier lüften.

Denn Sprache ist nicht neutral – sie ist ein Werkzeug. Oder eine Waffe.

Und vieles von dem, was dir beigebracht wurde zu glauben, dient nicht deiner Freiheit, sondern deiner Begrenzung.

Doch du bist größer als jede Definition.

Tiefer als jedes Urteil.

Freier als jede Maske.

Wenn der letzte Vorhang fällt, beginnt das wahre Leben.

Dann kehrst du zurück.

Nicht irgendwohin – sondern zu dir.

KAPITEL 1 :

VOM WOLLEN UND MÖCHTEN – UND DER VERRAT AN DER EIGENEN KRAFT

Es beginnt mit einem Satz.
Ein alltäglicher, scheinbar harmloser Satz:

„Du willst nicht – du *möchtest* !"

Ein Satz, wie ihn viele von uns gehört haben – als Kind, als Jugendliche, im Beruf, im Gespräch mit Menschen, die selbst gezähmt wurden.
Ein Satz, der nicht korrigiert, sondern **kastriert**.
Denn „möchten" ist weich, höflich, anständig. Es schmiegt sich ein, bittet um Erlaubnis, hält die Hände brav am Körper.
Aber das Leben – das Feld – kennt kein Möchten.
Das Feld lebt vom **Wollen**.

Wollen ist nicht höflich.
Wollen ist **eine Bewegung der Schöpfung selbst**.
Wenn ein Same im Boden keimt, dann will er wachsen.
Wenn ein Mensch liebt, dann will er verbinden.
Wenn ein Wesen frei ist, dann will es **aus sich selbst heraus**.

„Möchten" ist eine Erfindung. Eine sprachliche Zähmung.
Es gibt **keine Möchtenskraft**, aber es gibt **Willenskraft**.
Und genau deshalb wurde das Wollen in den Käfig gesperrt:
Weil ein Mensch, der **will**, schwer zu kontrollieren ist.
Er ist nicht höflich, aber echt.

Nicht angepasst, aber kraftvoll.
Nicht genehmigt, aber lebendig.

Die Domestizierung beginnt mit einem Wort

Es beginnt im Kleinen.
In der Kindheit.

> *„Sag nicht: Ich will. Das ist unhöflich. Sag: Ich möchte bitte."*

So werden aus wilden, schöpferischen Wesen kleine Bürger mit Sprachfilter.
Denn wer nicht mehr „ich will" sagen darf, der **vergisst irgendwann, dass er etwas will.**
Er wünscht. Er hofft. Er wartet.
Aber er **geht nicht mehr.**
Er **tritt nicht mehr hervor.**
Er **erhebt sich nicht mehr.**

Was wir da erleben, ist kein Zufall. Es ist Programm.
Eine sprachliche Einhegung der Macht, die jedem Menschen von Geburt an gegeben ist.

Möchten ist die Einverständniserklärung zur Ohnmacht

Ein Mensch, der „möchte", gibt unbewusst die Verantwortung ab.
Er sagt: „Ich hätte gern, wenn man mich ließe."
Er bleibt im Wartesaal.

Er bittet um eine Tür, statt sich zu erheben und sie zu öffnen.
Er unterschreibt – ohne es zu wissen – seine **Fremdbestimmung.**

„Wollen" dagegen ist **eine Rückverbindung mit dem Feld.**
Mit der Quelle. Mit der schöpferischen Urkraft.
Denn was ist Wille anderes als **das sichtbare Aufblitzen des Schöpfers im Menschen?**

Deshalb ist das Wollen gefährlich – und deshalb ist es heilig

Ein Mensch, der will, ist **nicht verfügbar.**
Er folgt keinem Programm, keinem Befehl, keiner Dressur.
Er folgt dem Ruf in sich.
Und dieser Ruf ist nicht immer bequem, nicht immer vernünftig, nicht immer genehm.
Aber er ist **wahr.**

Darum wurde das Möchten in die Welt gebracht:
Als sanfte Miene des Systems.
Als höflicher Maulkorb.
Als Selbstzensur im Namen des Anstands.

Doch du kannst es zurückholen.
Du kannst dir das Wollen **zurücker-innern.**

Sag wieder „Ich will"

Nicht trotzig.
Nicht laut.
Nicht gegen jemanden.
Sondern: **Aus dir. Aus deinem Zentrum. Aus deinem Wissen, dass du darfst.**

- Ich will gehen.

- Ich will frei sein.

- Ich will mich zeigen.

- Ich will erinnern.

- Ich will öffnen.

- Ich will leben.

Das ist kein Machtspiel.
Das ist ein Bekenntnis zum Lebendigsein.

Und das Feld antwortet auf den Willen. Immer.
Nicht auf das Möchten. Nicht auf den Konjunktiv. Nicht auf das Warten.

Ein Mensch, der will, **stellt sich hin**.
Nicht um zu herrschen, sondern um zu **sein**.
Nicht um zu bitten, sondern um zu **wählen**.
Nicht um zu spielen, sondern um **echt zu sein**.

Und vielleicht, wenn du das liest, spürst du es schon:
Da ist dein Wille.
Nicht neu. Nicht gemacht. Sondern **uralt. Echt. Und bereit.**

Willkommen im Feld.
Der Vorhang hebt sich.
Jetzt beginnt das wahre Leben

KAPITEL 2 : DIE SCHÖPFUNG

Nach dem tiefsten Geben

Es gibt Worte, die scheinen alltäglich geworden zu sein – und doch tragen sie in sich das Echo einer Zeit, in der Sprache noch heilig war. „Schöpfung" ist so ein Wort. Und mit ihm: „erschöpfen".

Heute sagen Menschen:

„Ich bin erschöpft" und meinen: „Ich bin leer. Am Ende. Ausgelaugt." Doch wer hinhört – wer tiefer hört – spürt: Das war einmal anders.

Ursprünglich bedeutete „erschöpfen":

etwas zur Gänze aus einer Quelle hervorbringen. Ein heiliger Akt. Ein schöpferischer Vorgang. Etwas, das in der Tiefe geruht hatte, wurde durch dich, durch dein Wesen, durch deinen Willen in die Welt getragen. Geboren. Manifest. Ganz.

„Erschöpft" bedeutete:

Ich habe gegeben. Alles. Mich selbst. Das Höchste, das ich bin, ist durch mich gegangen. Ich habe vollendet, was durch mich in diese Welt wollte.

Und dann kommt er, dieser Moment:

Nach dem tiefsten Geben.

Der Moment, in dem der Körper still wird.

Der Geist sich leert.

Die Seele ruht.

Nicht weil sie aufhört zu sein – sondern weil sie alles gegeben hat, was in ihr bereit war.

Das ist kein Kollaps. Das ist kein Burn-out. Das ist Vollendung.

Doch was wurde daraus gemacht?

Ein schwaches Wort. Ein Zustand der Schwäche, der Krankheit, der Lähmung. Ein Signal: Du bist nicht mehr leistungsfähig. Ruh dich aus, aber beeil dich – die Taktung wartet.

Und mit dieser Umdeutung wurde Schöpfung entweiht. Der schöpferische Mensch wurde seines Wertes beraubt. Nicht durch Gewalt – sondern durch Wörter. Durch Bedeutungen, die verschoben wurden, bis niemand mehr ihre wahre Kraft erkannte.

Denn wer erkennt, dass Erschöpfung ein heiliger Zustand ist – der erkennt auch, dass er selbst ein schöpferisches Wesen ist.

Nicht gemacht, sondern geboren. Nicht gesteuert, sondern geführt. Nicht klein, sondern Quelle.

Wir sind aus der Schöpfung – aber mehr noch: wir sind Schöpfung selbst.

Und jede Tat, die wahrhaft aus dem Inneren kommt – aus dem Willen, dem Herzen, dem Seelenkern – ist ein schöpferischer Akt. Ob wir sprechen, tanzen, schreiben, still sind, vergeben, lieben, fordern oder uns verweigern.

Wenn wir ganz sind in dem, was wir tun, dann schöpfen wir. Und wenn wir am Ende sagen:

„Ich bin erschöpft" dann heißt das: Ich habe gelebt. Ich habe gegeben. Ich habe erfüllt.

Doch warum –

warum sollte jemand so ein Wort wie „erschöpft" nehmen

und es verdrehen?

Warum macht man aus einem kraftvollen, erfüllten Zustand

einen Ausdruck der Schwäche?

Weil dort, wo Menschen sich an ihre schöpferische Kraft erinnern,

Kontrolle nicht mehr greift.

Denn wer sich selbst als Quelle erkennt,

als Schöpfer des eigenen Weges,

der braucht keine äußeren Strukturen,

keine fremden Konzepte von Ordnung,

keine Autoritäten.

Ein solcher Mensch hört nicht auf Befehle –

er lauscht.

Dem Inneren.

Dem Ruf des Feldes.

Dem Klang der Wahrheit.

Und dieser Mensch,

der sich selbst und seine Kraft erkennt,

der weiß:

Ich bin der Kanal. Ich bin das Gefäß. Ich bin der Schöpfungs-akt selbst.

Nicht nur der Körper ist schöpferisch.

Nicht nur in der Geburt liegt der Akt der Schöpfung.

Sondern in jedem wahren Wort,

in jedem klaren Nein,

in jedem heilenden Blick,

in jeder stillen Entscheidung,

dem Eigenen treu zu bleiben –

auch wenn die ganze Welt etwas anderes will.

Die Lüge vom leeren Menschen

Was aber geschieht mit einem Menschen,

der glaubt, er sei „erschöpft" im modernen Sinne?

Ein Ausgebrannter? Ein Leerer? Ein Fehler im System?

Er sucht nach Ersatz.

Nach schnellen Lösungen, nach Erholung, nach Betäubung.

Er glaubt, er müsse sich reparieren lassen –

anstatt zu erkennen,

dass er einfach nur erfüllt hat,

was durch ihn in die Welt wollte.

Wir nennen es Burn-out,

doch in Wahrheit brennt da etwas aus,

weil es nicht durch ihn hindurch durfte.

Weil die Schöpfung blockiert wurde.

Weil die Seele ihre Bahn nicht fand.

Und so wird aus „erschöpft" nicht eine Weihe,

sondern ein Urteil.

Ein Etikett.

Eine Diagnose.

Ein neuer Markt.

Doch ein Mensch, der die wahre Bedeutung kennt,

hält inne –

nicht weil er schwach ist,

sondern weil er vollständig gegeben hat.

Er verneigt sich nicht vor der Erschöpfung,

sondern durch sie hindurch

vor dem, was durch ihn sprach.

Er erkennt:

Ich bin der Kanal. Ich bin das Gefäß. Ich bin der Schöpfungs-akt selbst.

Und jetzt – darf ich ruhen. Ehren. Still sein.

Du bist die Quelle

Du bist nicht „das Ergebnis" von irgendetwas.

Du bist der Ursprung von allem, was aus dir fließt.

Wenn du in dir ruhst,

in deiner Wahrhaftigkeit,

in deinem unverdorbenen, goldenen Willen –

dann bist du unaufhaltsam.

Nicht laut. Nicht aggressiv.

Aber klar.

Unbestechlich.

Schöpfend.

Und genau das ist es,

was so viele Systeme fürchten.

Denn wer nicht auf Kommandos reagiert,

sondern dem Feld folgt –

der lässt sich nicht mehr in Verträge pressen,

nicht in Rollen,

nicht in Titel.

Ein schöpfender Mensch sagt nicht:

„Ich bin krank, weil ich erschöpft bin."

Er sagt:

„Ich habe gegeben, was ich zu geben hatte."

„Ich bin vollendet für diesen Moment."

„Ich darf ruhen – und neu empfangen."

Und was bedeutet das für unsere Welt?

Es bedeutet,

dass wir Sprache zurückholen müssen.

Dass wir unsere Worte entgiften

und sie von der Verdrehung befreien.

Denn solange wir sagen:

„Erschöpfung ist ein Makel"

werden wir unsere Kraft bekämpfen.

Doch wenn wir wieder sagen:

„Erschöpfung ist ein heiliger Zustand nach einem schöpferischen Akt"

dann ehren wir das Leben.

Dann ehren wir uns selbst.

Dann beginnt eine neue Kultur.

Nicht aus Leistung,

sondern aus Klarheit.

Nicht aus Pflicht,

sondern aus innerer Führung.

Nicht aus Angst,

sondern aus Schöpfung.

Und du, die oder der das hier liest:

Vielleicht fühlst du dich gerade erschöpft.

Vielleicht denkst du, du seist am Ende.

Ich sage dir:

Vielleicht hast du einfach alles gegeben,

was in diesem Moment durch dich in die Welt wollte.

Dann lehne dich zurück.

Ehre dich.

Spüre die Kraft in der Stille.

Spüre die Schöpfung in der Leere.

Denn was kommt nach dem tiefsten Geben?

Die Erinnerung an das, was du bist.

Und das Nächste, das durch dich geboren werden will.

KAPITEL 3 : TOLL – DIE SPRACHE DER VER-
DREHUNG

Es beginnt mit einem kleinen Wort. Einem scheinbar harmlosen Adjektiv. „**Toll**", sagt jemand – und meint: wunderbar, großartig, schön. Doch Worte tragen Erinnerungen. Sie haben ein Gedächtnis. Und manchmal – tragen sie eine Maske.

Was, wenn „**toll**" gar nicht das ist, wofür wir es halten?

Wenn wir uns dem Ursprung nähern, entdecken wir: „**toll**" bedeutete einst rasend, wahnsinnig, geistesgestört. Noch heute klingen diese alten Echos in Worten wie Tollhaus, Tollwut, Tollkirsche nach. Alles Begriffe, die mit Entgrenzung, Kontrollverlust, Verwirrung und oft mit Gefahr verbunden sind. „Toll" war keine Auszeichnung. Es war ein Warnsignal.

Und heute?

Heute ist „toll" auf einmal ein Kompliment. „Das hast du toll gemacht!" „Was für ein toller Mensch!" Doch je öfter man das Wort wiederholt, desto leerer klingt es. Es ersetzt alles – und sagt nichts. Es ist ein Platzhalter geworden für Gefühle, die wir selbst nicht mehr greifen können. Für Schönheit, Größe, Echtheit – aber ohne diese Tiefe selbst zu benennen.

Hier wirkt sie: die Verdrehung.

Ein ehemals negativ besetztes Wort wurde ins Positive verschoben. Nicht, weil sich sein Wesen verändert hätte – sondern weil die Bedeutung umgedeutet wurde. Man könnte sagen: Das Wort wurde manipuliert. Und mit ihm das Denken der Menschen.

Denn wer ständig alles „toll" findet, verliert das Gespür für echtes Maß. Für Klarheit. Für Nuancen. Für Tiefe. „Toll" ist ein Nebelwort. Es verdeckt, was wirklich gemeint ist. Es entzieht der Sprache ihre Schärfe. Ihre Wahrheit. Und ersetzt sie durch eine schwärmerische Beliebigkeit.

Und so wird aus der Welt eine Art Tollhaus – im ursprünglichen Sinn. Orientierungslos. Laut. Getrieben. Überdreht. Jeder jubelt, jeder ist „begeistert", aber niemand fragt mehr: Was fühle ich wirklich? Was ist wahrhaft schön – und warum?

„Toll" war nie ein Geschenk. Es war eine Fessel in glänzendem Papier.

Die Sprache ist Magie. Wer über Worte verfügt, beeinflusst das Denken. Wer Bedeutungen verschiebt, verschiebt die Wahrnehmung. Und wer Wahrnehmung verändert, verändert die Welt.

In diesem Sinne ist jedes „toll" ein kleines Echo dieser großen Verwirrung. Und jeder Mensch, der beginnt, wieder genau zu sprechen – der wieder unterscheidet zwischen „kraftvoll", „klar", „berührend", „lebendig", „sanft", „mutig" oder „ehrlich" – heilt mit jedem Wort ein Stück Wahrheit.

Sprache heilt – wenn sie nicht mehr toll ist.

KAPITEL 4 : SICH KÜMMERN – DIE UMKEHR DES KUMMERS

„Sei nicht so bekümmert", sagt man. Doch was steckt wirklich in diesem Wort?

Wer genau hinhört, hört: Kummer.

Doch während der Volksmund meint, es sei gut, sich um andere zu kümmern, fragt kaum jemand, was das eigentlich bedeutet – sich „be-kümmern".

Das stille Gift der Sprache:

In vielen Zusammenhängen erscheint „kümmern" wie ein Akt der Fürsorge.

Eltern kümmern sich um ihre Kinder. Pfleger kümmern sich um Alte. Politiker sagen, sie kümmern sich um das Volk.

Doch der Kern des Wortes führt in eine andere Richtung:

Sich „bekümmern" heißt, sich selbst mit Kummer aufladen.

Nicht einfach handeln – sondern leidend handeln.

Nicht einfach begleiten – sondern sich schwer machen.

Nicht einfach lieben – sondern leiden.

Die deutsche Sprache offenbart mehr als bloße Bedeutung. Sie offenbart Felder. Und das Wort „kümmern" ist wie ein Stolperstein im Garten echter Fürsorge. Denn es zieht etwas in die Tiefe, was eigentlich aus der Freiheit fließen sollte.

Bekümmertheit als Bindung:

Wer sich um jemanden „kümmert", wird oft unmerklich zum Teil eines Systems aus Schuld, Erwartung und Erschöpfung.

Das Kind, das krank ist, verlangt nicht nach Kummer, sondern nach Gegenwart.

Die alte Frau, die allein ist, braucht keine Bekümmerung, sondern Verbindung.

Doch der Mensch, der sich „bekümmert", identifiziert sich mit dem Schmerz.

Er trägt die Last des Anderen mit – oft über die eigene Grenze hinaus.

Nicht selten entsteht daraus das, was man Burnout nennt.

Ein ausgebranntes Herz, das einst voller Liebe war – und dann in Sorge versank.

Vom Kummer zur Klarheit:

Was wäre, wenn wir aufhörten, uns zu „bekümmern" – und begännen, einfach da zu sein?

Nicht bekümmert, sondern verbunden.

Nicht in der Rolle des Helfers, sondern in der Klarheit des Mitfühlenden.

Ein mitfühlender Mensch sieht den anderen – und lässt ihn dennoch ganz.

Er leidet nicht für, sondern liebt mit.

Das ist ein Akt der Souveränität – nicht der Selbstaufgabe.

Die Umkehr ins Freie:

Der Ursprung des Kummers liegt in der Vorstellung von Trennung.

Wenn wir glauben, jemand brauche uns, um zu überleben, verlieren wir unsere eigene Mitte.

Doch wer sich selbst nicht verliert, kann wahrhaft schenken.

Nicht aus Mangel, sondern aus Fülle.

Und so könnte man sagen:

Wer sich kümmert, trägt Last.

Wer liebt, trägt Licht.

Sprachmagie in der Rückerinnerung:

Sprache ist schöpferisch.

Wenn wir also vom „sich kümmern" sprechen, laden wir damit Felder von Leid auf.

Stattdessen könnten wir fragen:

Wie kann ich mit dir sein, ohne dich zu retten?

Wie kann ich da sein, ohne mich selbst zu verlieren?

Die wahre Kunst liegt darin, gegenwärtig zu sein – nicht belastet.

Präsent – nicht bekümmert.

Klar – nicht klagend.

Schlussgedanke:

Vielleicht ist es an der Zeit, dieses alte Wort in Dankbarkeit gehen zu lassen.

„Bekümmert" war ein Pfad – aber kein Ziel.

Denn wahre Verbindung geschieht nicht im Schmerz.

Sondern in der Freiheit, einfach da zu sein.

KAPITEL 5 : DIE SORGE — KONTROLLE IM NA- MEN DER LIEBE

Ein sanftes Wort mit scharfer Klinge

Die "Sorge" ist eines dieser Worte, das sich mit einem warmen Klang in unser Denken geschlichen hat. Ein Wort, das an Elternliebe erinnert, an Schutz, an Mitgefühl. Es scheint fast unantastbar. Wer "sorgt", meint es doch gut. Oder?

Doch wie so viele Begriffe in unserer Sprache hat auch die "Sorge" einen doppelten Boden. Einen Unterstrom. Eine stille Dynamik, die weniger mit Liebe zu tun hat, als mit Kontrolle. Mit Angst. Und mit einem tief verankerten Misstrauen in das Leben selbst.

"Ich mache mir Sorgen um dich" – klingt nach Zuneigung, bedeutet aber oft: "Ich glaube nicht, dass du deinen Weg selbst meistern kannst."

Etymologische Spurensuche: Von Kummer zu Kontrolle

Das althochdeutsche Wort sorga bedeutete: Kummer, Last, Bedrückung. Es war ein Wort für das Gewicht, das man auf der Seele trug. Sorge hatte mit Schmerz zu tun – nicht mit Fürsorge. Es war ein Zeichen für Mangel, nicht für Mitgefühl.

Diese Bedeutung hat sich gehalten. Wer "Sorge trägt", trägt Kummer, fühlt Angst, erwartet Unheil. Die "Sorge" lebt von einer Vorstellung der Gefahr, der Störung, des Mangels. Sie lebt vom Misstrauen.

Und aus diesem Misstrauen entstehen Regeln, Pflichten, Institutionen, Kontrollsysteme. "Weil wir uns sorgen, überwachen wir." – "Weil wir uns sorgen, greifen wir ein."

Der schmale Grat zwischen Mitgefühl und Einmischung

Es gibt einen feinen Unterschied zwischen echter menschlicher Zuwendung und "Sorge" als Handlungsmotiv:

Mitgefühl sieht den anderen als fähig und frei.

Sorge sieht den anderen als gefährdet und unfähig.

Beispiele aus dem Alltag:

Aussage Möglicher Subtext

"Ich sorge mich um dich." "Ich glaube, du könntest einen Fehler machen."

"Ich tue das aus Sorge." "Ich traue dir deine Entscheidung nicht zu."

"Eltern sorgen für ihre Kinder." "Eltern kontrollieren, was sie für richtig halten."

"Sorgepflicht des Staates." "Der Staat beansprucht Kontrolle über dein Leben."

Institutionalisierte Sorge: Von der Vormundschaft zur Verwaltung

In Begriffen wie:

Sorgerecht

Fürsorgepflicht

Vorsorge

Versicherung gegen Sorgen

steckt eine tiefe Systemlogik: Der Mensch wird als grundsätzlich hilfsbedürftig, unfähig oder gefährdet angesehen. Die "Sorge" dient als moralisches Feigenblatt für Überwachung, Einmischung, Entmündigung.

"Wir sorgen für Sie" heißt oft: "Wir entscheiden über Sie."

Was, wenn es keine Sorge braucht?

Die Wurzel der Sorge ist Angst. Die Wurzel der Freiheit ist Vertrauen.

Was passiert, wenn wir die "Sorge" loslassen?

Wir beginnen, anderen ihre Erfahrungen zuzugestehen.

Wir vertrauen dem Lebensweg des anderen – auch wenn er anders ist als unser eigener.

Wir erkennen, dass das Leben nicht immer sicher, aber immer lebendig ist.

Sorge will absichern. Vertrauen lässt geschehen.

Sprache als Entscheidung: Was statt "Sorge"?

Statt "Ich mache mir Sorgen" → "Ich sehe, dass du eine Herausforderung hast. Ich bin da, wenn du mich brauchst."

Statt "Ich sorge mich" → "Ich vertraue dir."

Statt "Wir müssen uns sorgen" → "Wir dürfen lernen zu vertrauen."

Abschlussgedanke: Liebe ohne Sorge

Wahre Liebe braucht keine Sorge. Sie kennt Mitgefühl. Sie kennt Präsenz. Sie kennt die Kraft, da zu sein, ohne einzugreifen.

Sorge ist Angst in sanftem Ton.

Vertrauen ist Liebe ohne Bedingung.

Vielleicht ist es an der Zeit, das Wort "Sorge" zu verabschieden. Nicht aus Kälte – sondern aus Wärme. Aus Achtung. Aus Vertrauen in den Menschen und seine eigene innere Führung.

KAPITEL 6 : BARMHERZIGKEIT – DIE GNADE DER ÜBERLEGENHEIT?

Das Wort Barmherzigkeit klingt warm und edel. Es wird oft mit Nächstenliebe, Güte und Mitgefühl gleichgesetzt – doch bei näherer Betrachtung liegt darin ein unausgesprochener Machtanspruch verborgen. Wer barmherzig ist, der hat die Macht, Gnade zu gewähren. Es ist ein von oben nach unten gerichtetes Geben, das nicht auf Augenhöhe geschieht.

Etymologie: Barm und Herz

Das Wort Barmherzigkeit stammt aus dem mittelhochdeutschen barmherze – zusammengesetzt aus „Barm" (Brust, Schoß) und „Herz". Es verweist auf eine innerliche, warmherzige Bewegung, ursprünglich vielleicht sogar auf einen schützenden, gebärenden Raum – doch was davon ist übrig geblieben?

In der religiösen und staatlichen Sprache wurde Barmherzigkeit zur Gnade der Herrschenden: Der König ist barmherzig, der Richter gewährt Gnade, der Gott vergibt – wenn er will. Sie alle stehen über dem „Sünder", dem „Verbrecher", dem „Schuldigen". Barmherzigkeit wird so zur Kronform der Kontrolle, denn sie entscheidet willkürlich, wem geholfen wird und wem nicht.

Zwischen Mitleid und Mitgefühl

Ein mitfühlender Mensch begegnet dem anderen nicht aus Schuld oder Überlegenheit, sondern aus echter Verbundenheit

– herzoffen, nicht herablassend. Doch das Wort Barmherzigkeit riecht oft nach:

Mitleid statt Mitgefühl

Macht statt Begegnung

Moral statt Menschlichkeit

Wer barmherzig „hilft", rettet jemanden, den er innerlich bereits als „bedürftig", „armselig" oder „verloren" etikettiert hat. So wird die Hilfe zur Bestätigung der eigenen Überlegenheit.

Was wäre die Alternative?

Statt Barmherzigkeit – wie wäre es mit nackter, klarer Menschlichkeit?

Nicht: „Ich helfe dir, weil ich besser dran bin."

Sondern: „Ich bin mit dir – weil wir verbunden sind."

Nicht: „Ich vergebe dir, weil ich gnädig bin."

Sondern: „Ich sehe dich – und erkenne mich in dir."

Die wahre Kraft liegt nicht im Akt des Erbarmens, sondern im Wegfall der Trennung. Nicht Erbarmen, sondern Einsein heilt. Nicht Mitleid, sondern wacher Blick.

KAPITEL 7 : FRAU UND HERR – VERTRÄGE OHNE WISSEN

Sprachliche Codes und juristische Maskenspiele in einer Welt aus Begriffen

Einleitung: Worte, die Welten formen

Wir leben in einer Welt aus Worten. Sprache ist nicht nur ein Werkzeug zur Kommunikation – sie ist ein Instrument der Realitätserzeugung. Was wir benennen, wird greifbar. Was wir nicht benennen können, entgleitet unserem Bewusstsein. In diesem unsichtbaren Spiel aus Begriffen, Titeln und Etiketten entfaltet sich eine Welt, in der Begriffe wie „Frau" und „Herr" scheinbar harmlos und alltäglich wirken – doch in der juristischen Realität entfalten sie eine Wirkung, die den meisten Menschen verborgen bleibt.

Dieses Kapitel lädt dazu ein, hinter die Fassade dieser Begriffe zu blicken – in die Welt der juristischen Fiktionen, sprachlichen Codes und der verborgenen Verträge, denen wir oft unbewusst zustimmen. Denn was wir für normale Anredeformen halten, könnte in Wahrheit Teil eines Systems sein, das Identitäten verwaltet, Rollen zuteilt – und Freiheit mit subtiler Freiwilligkeit ersetzt.

Die Anrede als Eintrittskarte: Frau und Herr im juristischen Kontext

Auf den ersten Blick erscheinen die Anreden „Frau" und „Herr" als reine Höflichkeitsformeln. Doch in offiziellen Schreiben, Gerichtsdokumenten oder behördlicher Kommunikation tragen diese Titel eine tiefere Bedeutung. Sie sind nicht nur sprachlich, sondern funktional. Juristisch gesehen markieren sie nicht den Menschen, sondern die Rolle einer natürlichen Person im Rechtssystem – einer juristischen Fiktion.

Wenn jemand als „Herr Müller" oder „Frau Meier" angesprochen wird, geht es dabei nicht um sein wahres Wesen, sondern um eine Vertragspartei innerhalb eines Systems von Rechten und Pflichten. Man spricht nicht den lebendigen Menschen an, sondern eine konstruierte Identität – die „natürliche Person", registriert, verwaltet, steuerpflichtig.

Die Frage lautet also nicht: Wie nennt man mich?, sondern: Wen spricht man an, wenn man mich so nennt?

Der juristische Trick: Die natürliche Person

Das bürgerliche Gesetzbuch kennt zwei Hauptformen von Personen: die „juristische Person" (z. B. GmbH, Verein, Stiftung) und die „natürliche Person" – letztere sind wir, zumindest scheinbar.

Doch auch die „natürliche Person" ist kein Mensch im eigentlichen Sinn, sondern eine rechtlich definierte Rolle, ein Gebilde aus Einträgen, Registern und Nummern: Geburtsurkunde, Personalausweis, Sozialversicherungsnummer.

Sie ist ein Träger von Rechten und Pflichten, jedoch nicht das Leben selbst. Und sobald wir uns mit dieser Rolle identifizieren – sei es durch die Unterschrift, das Annehmen eines Briefs mit Anrede „Herr/Frau", oder durch die Nutzung amtlicher Dokumente – treten wir vermeintlich freiwillig in einen Vertrag ein: den Vertrag mit dem System.

Die Macht der stillschweigenden Zustimmung

In vielen Bereichen des Lebens gilt das Prinzip der stillschweigenden Zustimmung – vor allem im Vertragsrecht. Wer nicht widerspricht, stimmt zu. Wer sich als „Herr Meier" anspricht lässt, erklärt sich damit einverstanden, als „natürliche Person" behandelt zu werden – mit allen Konsequenzen: Besteuerung, Unterwerfung unter das geltende Handels- und Verwaltungsrecht, Anerkennung der Gerichtsbarkeit, Einwilligung in die Rolle als Schuldner im System.

Diese Zustimmung ist meist unbewusst – aber im juristischen Spiel gilt: Unwissen schützt nicht vor Konsequenz. Es ist nicht wichtig, was du meinst – sondern was du tust. Und in der Sprache des Rechts bedeutet ein bestimmtes Wort oft etwas ganz anderes, als wir im Alltag annehmen.

Sprache als Magie: Begriffe, die binden

Juristische Sprache ist präzise – aber nicht unbedingt klar. Sie ist voller Doppelbedeutungen, Überschneidungen und historischer Bedeutungsverschiebungen. Ein Beispiel:

Der Begriff „Frau" war ursprünglich eine Ehrentitelbezeichnung für Adelige – später wurde er zur Anrede für verheiratete Frauen, heute steht er allgemein für erwachsene weibliche Personen. Doch im juristischen Kontext bleibt er eine Titelrolle.

„Herr" stammt vom althochdeutschen heri (Heer) und war ursprünglich dem Adel oder der Herrenklasse vorbehalten. Heute benutzt, trägt der Begriff immer noch die Bedeutung eines Titelträgers – also eines, der in ein System eingegliedert wurde.

Diese sprachlichen Codes wirken wie magische Formeln. Wer sie ausspricht, akzeptiert unbewusst das Spiel – und damit die Spielregeln. Sprache wird so zur unsichtbaren Kette, zur Eintrittskarte in ein Rollenspiel, dessen Regeln nicht offen kommuniziert werden.

Die Geburtsurkunde – der erste Vertrag?

Die Ausstellung einer Geburtsurkunde ist weit mehr als ein bürokratischer Akt. Sie markiert den Beginn der Verwaltung einer natürlichen Person. Ab diesem Moment existiert eine rechtliche Fiktion, die verwaltet, geführt und kontrolliert werden kann. Dieses Gebilde – nicht der lebendige Mensch – ist es, dem man Steuern auferlegt, dem man Vorschriften macht, den man verklagt.

Interessanterweise wird niemand gezwungen, sich mit dieser Fiktion zu identifizieren – es geschieht freiwillig, durch Unwissenheit und Gewohnheit. Das System beruht auf Zustimmung, nicht auf Zwang. Doch diese Zustimmung wird durch Sprache, Rituale und Symbolik so geschickt eingeholt, dass kaum jemand merkt, dass er sie je gegeben hat.

Der Austritt aus dem Maskenspiel?

Was bedeutet es, sich dem System der juristischen Rollen zu entziehen? Und ist das überhaupt möglich?

Zunächst einmal: Es geht nicht um Ablehnung, sondern um Bewusstsein. Wer versteht, dass Begriffe wie „Herr" oder „Frau" rechtlich aufgeladen sind, kann bewusst entscheiden, wie er sich positioniert. Man kann auf eine Anrede verzichten, sich als „Mensch aus Fleisch und Blut" erklären, die „natürliche Person" als Rolle enttarnen.

Doch dieser Weg ist kein einfacher. Er fordert Wissen, Klarheit, Standhaftigkeit. Denn das System schützt sich selbst – und wer aus der Reihe tanzt, wird schnell als „Reichsbürger", „Verschwörungstheoretiker" oder „Querulant" etikettiert. Dennoch: Die Wahrheit bleibt – auch wenn sie nicht bequem ist.

Fazit: Freiheit durch Sprache

Sprache ist ein Schlüssel zur Wahrheit – oder eine Kette der Unfreiheit. Wer versteht, dass Begriffe wie „Frau" und „Herr" mehr sind als bloße Höflichkeitsformen, beginnt zu erkennen, wie subtil das Spiel der Kontrolle wirklich ist. Die Identifikation mit der Rolle ist freiwillig – aber nur, solange wir wissen, dass es eine Rolle ist.

Wer aus dem Spiel der Worte aussteigen will, muss sie zuerst durchschauen. Und wer Verantwortung für sein Leben übernehmen will, tut gut daran, die Sprache zu hinterfragen, die ihm Identität, Rechte – und Pflichten – zuteilt.

„Frau" und „Herr" – zwei harmlose Worte. Und doch der Beginn eines Vertrages, den du nie bewusst geschlossen hast. Die Frage ist: Möchtest du diesen Vertrag weiterführen – oder kündigen?

KAPITEL 8 : WAHRHEIT – UND WER SIE VER-
WALTET

Die Wahrheit – ein innerer Ruf

Wahrheit ist keine Meinung, kein Konsens, kein Gesetz. Sie ist auch keine Zahl, keine Statistik, kein Urteil. Sie ist – in ihrem Wesen – still. Unverhandelbar. Spürbar. Eine innere Gewissheit, die in der Tiefe unserer Seele schwingt, lange bevor sie Worte findet.

Und doch leben wir in einer Welt, in der „Wahrheit" gemacht, produziert, zertifiziert und sanktioniert wird. In der Institutionen darüber wachen, was als wahr gelten darf. In der es Gremien, Institute, Expertengremien, Wahrheitsprüfer gibt – als wäre Wahrheit ein Besitz, den man verwaltet.

Doch Wahrheit ist kein Eigentum. Sie gehört niemandem. Und sie lässt sich nicht verordnen.

Die Wächter der Wahrheit – und ihre Masken

In fast allen Kulturen gab es zu jeder Zeit Instanzen, die vorgaben, die Wahrheit zu kennen – oder sogar zu sein. Im Gewand der Religion, der Wissenschaft, der Politik oder der Medien. Immer wieder wurden Wahrheiten definiert – und Andersdenkende bekämpft, lächerlich gemacht, verbrannt, zensiert.

Im Namen der Wahrheit wurden Bücher verboten, Menschen entmachtet, ganze Systeme errichtet. Doch wer die Wahrheit verwalten will, will vor allem: Macht. Denn die Wahrheit ist die größte Kraft – wenn du sie in dir trägst, bist du nicht mehr lenkbar.

Daher wurde Wahrheit zur Ware gemacht. Zur Doktrin. Zur Lizenz.

Heute gibt es „Faktenchecker" – als sei Wahrheit ein Produkt mit Gütesiegel. Doch wer prüft die Prüfer? Wer steht über denen, die bestimmen, was noch gesagt werden darf – und was nicht?

Die stille Rebellion: deine eigene Wahrheit

Wirklich gefährlich für jedes System ist nicht der Revoluzzer mit Megafon – sondern der Mensch, der selbst spürt, was wahr ist. Der nicht mehr fragt: Darf ich das glauben? – sondern: Fühlt sich das für mich stimmig an?

Diese innere Wahrheit ist nicht immer bequem. Sie widerspricht oft dem Offiziellen, dem Lehren, dem Lauten. Doch sie ist ein leiser Kompass. Sie bringt dich heim – zu dir.

Sobald du beginnst, deiner inneren Wahrheit zu trauen, wird es still um dich. Du brauchst keine Autorität mehr. Keine Erlaubnis. Kein Zertifikat. Und genau deshalb wirst du gefährlich für ein System, das auf Kontrolle basiert.

Wahrheit hat keinen Sprecher

Wahrheit spricht nicht in Schlagzeilen. Sie hat keine Sprecher, keine Sprecherlaubnis, kein PR-Team. Sie flüstert in der Tiefe – und wer zuhört, erkennt sie.

Sie ist nicht das Gegenteil von Lüge. Sie ist nicht einmal Teil eines Spiels von richtig und falsch. Sie ist – jenseits aller Argumentation – das, was bleibt, wenn der Verstand still ist.

Deshalb kann sie auch nicht „besessen" oder „verkündet" werden. Kein Mensch kann sagen: Ich habe die Wahrheit. Denn Wahrheit hat dich – oder sie hat dich nicht.

Und wer profitiert vom Gegenteil?

Wenn dir jemand seine Wahrheit verkaufen will, frage dich: Wem dient sie? Wer profitiert davon, dass du sie glaubst? Und was würde passieren, wenn du aufhörst, sie zu glauben?

Wahrheit ist kein Dogma. Sie ist ein Weg. Kein Besitz – sondern Bewegung. Kein Standpunkt – sondern Schwingung.

Der Anfang der Freiheit

Die Wahrheit gehört nicht dem Staat, nicht dem Richter, nicht dem Sender, nicht dem Heiligen. Sie gehört nicht mal dir – sie durchströmt dich.

Wenn du aufhörst, zu glauben, was dir gesagt wird – und beginnst, selbst zu wissen, dann beginnt wahre Freiheit. Nicht, weil du „die richtige Wahrheit" gefunden hast – sondern weil du dich dem lebendigen Fluss des Erkennens geöffnet hast.

Und dann, ganz leise, geschieht das, was keine Institution kontrollieren kann:

Ein freier Mensch erkennt sich selbst –

und braucht keinen Verwalter mehr.

KAPITEL 9 : VERSTAND ODER HERZ – UND WEM WIR GLAUBEN

„Der Verstand kann uns sagen, was wir unterlassen sollen. Aber das Herz kann uns sagen, was wir tun müssen."
— Joseph Joubert

Die Herrschaft des Verstandes

Seit Jahrhunderten wurde der menschliche Verstand glorifiziert. Als Krone der Schöpfung, als Sitz der Vernunft, der Wissenschaft, der Analyse. Wir haben gelernt, Entscheidungen zu treffen, die „vernünftig" sind. Strategisch. Logisch. Begründet.

Doch was, wenn der Verstand gar nicht gemacht ist, um zu führen?

Was, wenn der Verstand nicht mehr ist als ein Werkzeug – ein brillanter Rechner, aber ohne Richtung? Was, wenn er nur dann sinnvoll funktioniert, wenn er sich in den Dienst eines tieferen Wissens stellt?

Das Herz – mehr als ein Muskel

Viele Menschen glauben, das Herz sei bloß eine Pumpe. Ein Organ, das Blut durch den Körper jagt. Doch wer genau hinfühlt, weiß: Das Herz ist mehr. Es fühlt, erkennt, weiß – auf eine Weise, die der Verstand nicht greifen kann.

Neuere Forschungen sprechen vom Herz-Gehirn, einem eigenständigen neuronalen System mit Erinnerung, Entscheidungskraft und Empfindungsfähigkeit. Doch dieses Wissen ist uralt. Kulturen weltweit sprachen von der Weisheit des Herzens – lange bevor es dafür Diagramme gab.

Das Herz ist keine Romantik. Es ist die Wahrheit deines Wesens.

Wem glauben wir – und warum?

In der modernen Welt glauben wir fast ausschließlich dem Verstand. Wir glauben Zahlen, Statistiken, Meinungen mit Argument. Wir glauben, was „nachvollziehbar" ist, „erklärbar", „bewiesen".

Und doch spüren wir oft, dass das, was wahr ist, sich nicht beweisen lässt. Dass das, was uns tief berührt, jenseits der Logik liegt. Dass Entscheidungen, die „richtig" erscheinen, sich oft leer anfühlen – und andere, die „verrückt" wirken, lebendig und stimmig.

Der Verstand sagt: Tu es nicht, es ist zu riskant.
Das Herz sagt: Tu es, es ist echt.

Wem geben wir Macht über unser Leben?

Die Rückkehr zur inneren Stimme

Wenn du wieder lernst, dem Herzen zu lauschen, beginnt eine sanfte Rückverbindung. Eine Erinnerung. Du wirst nicht mehr vom Kopf regiert – sondern von einem inneren Spüren, das tiefer reicht als jedes Argument.

Der Verstand kann analysieren – aber er kennt kein Vertrauen. Das Herz aber weiß. Es braucht keine Beweise. Es schwingt.

Und in dieser Schwingung liegt eine Klarheit, die sich nie erklären, aber immer leben lässt.

Warum man dir das Herz abtrainiert hat

Ein Mensch, der seinem Herzen folgt, ist schwer kontrollierbar. Er lässt sich nicht über Angst, Autorität oder Belohnung steuern. Er braucht keine Genehmigung. Er spürt, was richtig ist – und handelt danach.

Deshalb wurde dir beigebracht, dich zu „beherrschen". Vernünftig zu sein. „Kopf über Bauch". Funktionieren, statt fühlen. Strategien, statt Sehnsucht.

Doch in Wahrheit war dies ein Entmächtigungsprogramm.

Denn wer dem Herzen misstraut, misstraut sich selbst.

Der Verstand ist kein Feind – aber auch kein König

Es geht nicht darum, den Verstand zu verwerfen. Er ist nützlich, brillant, ein Geschenk. Aber nur dann, wenn er sich dem Herzen unterordnet. Wenn er nicht regiert, sondern dient. Wenn er in Einklang steht – mit dem, was du wirklich fühlst.

Denn der Verstand kann dir tausend Gründe nennen, warum du etwas lassen solltest –
aber wenn dein Herz still sagt: Doch, das ist es – dann ist das deine Wahrheit.

Ein neues Gleichgewicht

„Vertraue deinem Herzen, auch wenn es dich an einen Ort führt,
an dem dein Verstand schreit: Nein!"
— Unbekannt

Wahrhaft menschlich wirst du dort, wo Kopf und Herz sich die Hand reichen. Wo der Verstand sich nicht über das Herz erhebt – sondern ihm folgt. Wo du wieder lernst, still zu werden. Zu fühlen. Zu lauschen.

Und dort beginnt die eigentliche Revolution:
Ein Leben, das nicht von außen belegt – sondern von innen bewegt ist.

KAPITEL 10 : PERSON ODER MENSCH? – DIE GROßE VERWECHSLUNG

Es ist eines dieser Wörter, das wir ständig hören – und fast nie hinterfragen: Person.

„Die betreffende Person ..." – *„Ich bin eine Person, die morgens Kaffee braucht"* – *„Bist du die Person, die das gesagt hat?"*

Klingt harmlos. Ist es aber nicht.

Denn dieses Wort trägt eine lange Geschichte in sich – eine Geschichte der Maskierung, der Verdrehung und des Verlusts.

Der Begriff Person stammt vom griechischen Wort „persona" – und das bedeutete ursprünglich: die Maske im Theater. Es war jene Figur, jene Hülle, durch die der Schauspieler sprach (per sonare – hindurch klingen). Die Maske zeigte nach außen ein Gesicht – aber es war nicht das wahre.

Das bedeutet: Wer sich als „Person" bezeichnet, übernimmt eine Rolle. Er oder sie trägt eine Maske. Es ist ein künstlich geschaffener Ausdruck, ein Etikett – und kein Ausdruck des wahren Seins.

Viele benutzen heute den Begriff „Person", um gebildet zu wirken. Sie sagen: „Ich bin eine Person, die ..." – und merken nicht, dass sie sich damit selbst auf ein Konstrukt reduzieren. Sie etikettieren sich, als wären sie ein Produkt mit Barcode. Sie betiteln sich selbst – ein weiteres Wort, das zeigt, wie sehr Sprache uns formen kann. Denn ein Titel ist kein Wesen. Ein Titel ist ein Aufkleber. Ein Rang. Eine Maske.

Die rechtliche Definition geht sogar noch weiter: Eine „juristische Person" ist ein Konstrukt – ein Kunstprodukt, das im Gesetz erschaffen wurde. Eine natürliche Person ist ebenfalls ein juristischer Begriff – nicht zu verwechseln mit dem lebendigen Menschen.

Und hier wird es gefährlich:

Denn in einer Welt voller Fiktionen hat man es uns abgewöhnt, uns als Menschen zu bezeichnen. Stattdessen: Personalausweis. Persönlichkeitsrechte. Personalakte. Der Mensch ist verschwunden – ersetzt durch die Maske.

Doch ein Mensch ist keine Maske. Ein Mensch ist nicht definiert durch Titel, Steuer-ID, Passbild oder Aktennummer. Ein Mensch ist ein lebendiges Wesen – atmend, fühlend, schöpfend.

Wenn ich mich also frage: „Bin ich eine Person?" Dann antworte ich: Nein. Ich spiele keine Rolle. Ich bin.

Ich bin nicht die Persona, nicht die Maske, nicht das juristische Konstrukt. Ich bin das Leben selbst – ein Mensch in voller Verantwortung und Bewusstheit.

Und das verändert alles: Denn wer sich selbst als Mensch erkennt, braucht keine Vertretung. Kein Spiel. Keine Rolle. Sondern nur den Mut, echt zu sein.

KAPITEL 11 : DER BÜRGER – BÜRGE FÜR EIN SYSTEM?

Bürger.

Ein Wort, das nach Zugehörigkeit klingt.

Nach Rechten, Pflichten, Staat, Ordnung, Sicherheit.

Nach Wählen dürfen. Nach Schutz bekommen. Nach Teilhabe.

Doch was steckt dahinter – wirklich?

Der Begriff „Bürger" ist kein harmloser Titel.

Er ist ein Vertrag.

Ein Etikett.

Eine Funktion.

Und wie so oft in dieser Welt: Die Sprache verrät mehr, als uns lieb ist.

Der Bürger – ist ein Bürge.

Ein Bürge übernimmt Verantwortung.

Er haftet für etwas.

Für wen aber bürgt der Bürger?

Für den Staat.

Für dessen Handeln. Für dessen Schulden. Für dessen Gewalt-
monopol.

Für Regeln, die er nicht selbst geschrieben hat. Für Verträge,
die er nicht selbst unterschrieben hat.

Für ein System, das ihn selbst zu einer Nummer macht.

**Der Bürger ist nicht der König im Reich – er ist die
Garantie für das Reich.**

Er ist das Pfand.

Die stille Zustimmung

Niemand ruft uns an einem bestimmten Tag zusammen und
sagt:

„Heute wirst du Bürger – und damit Bürge für alles, was wir
tun."

Und doch geschieht es.

Ganz still.

Durch Geburt, durch Eintrag, durch Anmeldung.

Durch die Akzeptanz der „Staatsbürgerschaft".

Ein Begriff, der nach Heimat klingt – aber in Wahrheit eine Rolle vergibt.

Du bist nicht mehr einfach Mensch.

Du bist „deutscher Staatsbürgerin".

Ein Konstrukt. Ein Subjekt des Staats.

Gebunden. Verrechenbar. Zuständig.

Versichert. Versteuert. Verwaltet.

Die doppelte Täuschung

Die erste Täuschung:

Man erklärt dir, ein Bürger zu sein sei deine höchste Errungenschaft.

Demokratie! Freiheit! Teilhabe!

Doch keiner erklärt dir, dass du damit eine Art Sicherheitsleistung für das System geworden bist.

Die zweite Täuschung:

Man sagt dir, du seist geschützt durch den Staat.

Aber was, wenn du selbst die Garantie für den Staat bist?

Was, wenn du mit deinem Dasein, deinem Namen, deiner Unterschrift, deiner Steuern all das erst möglich machst, was du für gegeben hältst?

Was, wenn du bürgst – ohne es zu wissen?

Der Bürger als Maske

Auch hier lohnt sich der Blick auf die Sprache.

Ein Bürger ist eine abgeleitete Figur.

Er ist nicht das Ursprüngliche. Nicht der Mensch.

Er ist eine Rolle innerhalb eines Systems, vergleichbar mit der „Person" – ebenfalls eine Maske.

Der Bürger ist der Träger einer Verpflichtung.

Nicht aus der Tiefe der Seele – sondern aus den Gesetzen des Staates.

Er darf wählen, ja – aber nur, was ihm zur Wahl gestellt wird.

Er darf klagen – aber nur im Rahmen des vom Staat genehmigten Rechtswegs.

Er darf „mitbestimmen" – aber nur auf einem Spielfeld, dessen Regeln er nicht geschrieben hat.

Was wäre, wenn ...?

Was wäre, wenn du kein Bürger wärst?

Wenn du das Bürgschaftsverhältnis bewusst beendest?

Was, wenn du dich nicht mehr über deine Rolle definierst – sondern über dein Wesen?

Was, wenn du sagst:

Ich bin kein Bürge. Ich bin kein Stellvertreter.

Ich bin kein Eigentum des Staates, keine Funktion, keine Sicherheit.

Ich bin ein Mensch. Und ich hafte nur für das, was ich selbst in die Welt bringe.

Dann – und erst dann – beginnt Freiheit.

Die Verantwortung kehrt zurück

Der Abschied vom „Bürger" ist kein Rückzug aus der Welt.

Im Gegenteil:

Es ist der Schritt in die volle Eigenverantwortung.

In das echte Menschsein.

Denn wer nicht mehr bürgt für ein fremdes System,

der beginnt, für sich selbst einzustehen.

Nicht durch Regeln.

Sondern durch Wahrheit.

Nicht durch Paragraphen.

Sondern durch Präsenz.

Nicht durch Pflichten.

Sondern durch bewusste Entscheidung.

Und am Ende bleibt die Frage:

Willst du Bürger sein – oder Mensch?

Bürge – oder Schöpfer?

Denn der Staat lebt von deinen Garantien.

Aber das Leben – lebt von deiner Wahrheit.

KAPITEL 12 : GERECHTIGKEIT – DAS MAß DES HERZENS ODER DER PARAGRAPHEN?

„Nicht alles, was Recht ist, ist auch gerecht."
— Unbekannt

Das Gesetz – eine Konstruktion

Die Welt der Paragraphen gibt sich nüchtern, klar, objektiv. Doch wenn man tiefer blickt, erkennt man: Das Recht ist kein Naturgesetz. Es ist eine sprachliche Konstruktion, erschaffen von Menschen, geschrieben in einer eigenen Sprache, oft unverständlich für jene, die davon betroffen sind.

Was als „gerecht" gilt, wird dort nicht aus dem Herzen heraus entschieden, sondern anhand von Regelwerken, Zuständigkeiten, Formalien. Der Mensch darin? Oft nur eine „Person" mit Aktenzeichen.

Und doch nennen wir dieses Konstrukt Justiz – ein Wort, das ursprünglich auf Gerechtigkeit verweist.

Aber ist sie das noch?

Gerechtigkeit fühlt sich – sie lässt sich nicht kodifizieren

Wahre Gerechtigkeit lässt sich nicht in Paragrafen gießen. Sie hat kein festes Schema. Sie ist lebendig, intuitiv, situiert. Gerechtigkeit erkennt das Wesen des anderen – nicht nur seinen „Fall".

Sie fragt nicht: Was steht im Gesetz?
Sondern: Was ist jetzt im Einklang mit Menschlichkeit, mit Wahrheit, mit Heilung?

Doch in einer Welt, in der Gesetze über Menschen gestellt werden, kann wahre Gerechtigkeit nicht gedeihen. Dort wird Urteil gesprochen – aber nicht unbedingt aus Gerechtigkeit. Dort herrschen Verfahren – aber nicht unbedingt Verstehen.

Richter oder Gerechter?

Der Begriff Richter klingt autoritär. Eine Instanz, die „richtet" – trennt, urteilt, verhängt. Doch ursprünglich stammt das Wort richten von „auf-richten", „in die Ordnung bringen".
Nicht vom ver-urteilen, sondern vom Wiederherstellen.

Ein gerechter Mensch muss kein Roben-Träger sein.
Ein gerechter Mensch erkennt den Schmerz – und sucht nach Ausgleich, nicht nach Strafe.

Der weiseste Mensch
In alten Kulturen saß der weiseste Mensch nicht über den anderen, sondern mitten unter ihnen.
Ein Mensch, der zuhörte, hinsah, mitfühlte – und das aussprach, was das Herz erkannte.
Nicht aus Urteil, sondern aus innerer Klarheit. Nicht um zu führen, sondern um zu erinnern.

Die Unterscheidung: Recht vs. Gerechtigkeit

Recht basiert auf Vereinbarung, Machtstrukturen, Formeln.

Gerechtigkeit basiert auf Mitgefühl, Ausgleich, innerem Maß.

Ein System kann „rechtens" jemanden entrechten. Es kann durch Gesetzgebung Unmenschliches legalisieren.
Gerecht ist das noch lange nicht.

So wurde Unrecht über Jahrhunderte legal:
Die Sklaverei war legal.
Die Hexenverbrennung war legal.
Die Apartheid war legal.
Aber war sie je gerecht?

Gerechtigkeit im Inneren

Wenn du beginnst, nicht mehr nur im Außen nach „gerechten Instanzen" zu suchen, sondern in dir selbst das Maß findest – entsteht etwas Neues. Du hörst nicht mehr auf, Recht zu bekommen. Du beginnst, gerecht zu handeln. Nicht aus Angst vor Strafe – sondern aus innerer Klarheit.

Das Herz kennt keine Gesetze.
Es kennt Wahrheit, Mitgefühl, Resonanz.

Dort entsteht das, was kein Gericht der Welt erzwingen kann:
Echte Versöhnung. Echte Einsicht. Echtes Wieder-Gut-Machen.

Die innere Waage

Stell dir vor, du trägst in dir eine Waage. Keine goldene Justitia mit verbundenen Augen – sondern eine fühlende, sehende Waage. Sie misst nicht Fakten, sondern Schwingung. Nicht Argumente, sondern Wahrheit.

Diese Waage lügt nicht.
Sie neigt sich nicht, wenn du Recht hast – sondern wenn du wahr bist.

Der neue Maßstab

Was wäre, wenn wir ein Leben führen würden, in dem nicht die Paragraphen, sondern die Herzenswahrheit das letzte Wort hat? Was wäre, wenn Gerechtigkeit nicht länger ein „System" wäre – sondern eine Fähigkeit? Eine Haltung? Eine Bereitschaft?

Dann bräuchten wir weniger Gerichte.
Und mehr Gerechtigkeit.

KAPITEL 13 : DER RICHTER

„Wer richtet, steht nicht außerhalb. Wer erkennt, durch-
dringt."

Es gibt ein Wort, das in sich Schwere trägt.

Ein Wort, das mit Autorität auftritt, mit dem Klang von Entscheidungen, die nicht mehr zurückzunehmen sind:

Richter.

In den Köpfen vieler Menschen erscheint sofort ein Bild:

Ein Mensch mit schwarzer Robe, auf einem erhöhten Stuhl
sitzend, der den Daumen hebt oder senkt.

Ein Mensch mit Macht über andere – über deren Freiheit,
deren Ruf, deren Leben.

Doch was ist ein Richter wirklich?

Und viel wichtiger: Wer hat ihn dazu gemacht?

Die Figur auf der Bühne

Ein Richter tritt auf wie eine Figur in einem Theaterstück. Er
spricht im Namen einer Instanz, die sich „Staat" nennt, „Gerichtsbarkeit", „Rechtsordnung".

Er agiert, als sei er selbst dieser Staat – neutral, sachlich, überlegen.

Doch dieser Mensch – ist er nicht ebenso Teil des Spiels wie der Angeklagte?

Trägt er nicht selbst ein Gewand, das ihm eine Rolle verleiht?

Hat er sich nicht ebenfalls in ein juristisches System begeben, das auf Begriffen und Konstrukten basiert?

Ein Richter ist nicht Wahrheit. Er ist ein Werkzeug eines Konstrukts.

Richten oder erkennen?

Es gibt einen gewaltigen Unterschied zwischen „richten" und „erkennen".

Richten urteilt – erkennen durchdringt.

Richten trennt – erkennen verbindet.

Richten schafft Schuld – erkennen bringt Bewusstsein.

Wenn ein Mensch urteilt, dann erhebt er sich.

Wenn ein Mensch erkennt, dann verneigt er sich vor dem, was ist – auch im Schmerz, auch in der Unvollkommenheit.

Der wahre Richter – wenn es ihn überhaupt geben kann – wäre jemand, der sich selbst mitbetrachtet im Urteil.

Der nicht nur sieht, was jemand getan hat, sondern warum.

Der nicht straft, sondern heilt.

Der nicht gehorcht, sondern dient.

Doch: Wo ist dieser Richter?

Gerichtsbarkeit – das Reich des Gerichts

Wenn wir das Wort „Gericht" anschauen, entdecken wir darin das Wort „Reich".

Ein Reich, in dem der Glaube regiert, dass ein anderer Mensch über dich bestimmen kann.

Ein Reich, in dem Verträge gelten, die du nie bewusst unterschrieben hast.

Ein Reich, das mit der Geburt beginnt – mit deiner Eintragung, deinem Namen, deinem „Fall in das System".

Das Gericht urteilt nicht über den lebendigen Menschen.

Es urteilt über die juristische Person, die mit deinem Namen verknüpft wurde.

Und der Richter ist nicht dein Gegenüber, sondern ein verwaltender Teil dieses Spiels.

Er verwaltet die Ordnung – doch er erschafft sie nicht.

Er vollzieht, was andere definiert haben – doch er hinterfragt es nicht.

Und doch glauben viele, sie müssten sich beugen.

Warum?

Weil ihnen niemand gesagt hat, dass sie nicht im Spiel mitspielen müssen.

Das Ende des Spiels

Der Mensch, der sich erinnert, dass er nicht Person ist, sondern Wesen, der erkennt auch:

Kein anderer hat das Recht, über ihn zu richten.

Denn wer über dich richten will, muss sich über dich stellen.

Und wer sich über dich stellt, trennt sich von der Einheit.

Und wer sich von der Einheit trennt, hat den Ursprung verlassen.

Der Ursprung aber urteilt nicht.

Er ist.

Er erkennt.

Er wirkt – ohne zu trennen.

Ein Mensch, der zu sich kommt, sagt:

„Ich bin. Ich war. Ich werde sein. Ich habe getan, was ich getan habe – und ich erkenne mich in allem."

Er braucht keinen Richter.

Denn er trägt das Gericht der eigenen Seele in sich.

Es ist still.

Es ist ehrlich.

Und es ist heilsam.

Der innere Richter

Viele Menschen tragen den „Richter" längst in sich.

Eine Stimme, die tadelt.

Eine Stimme, die vergleicht.

Eine Stimme, die kleinmacht.

Doch auch dieser innere Richter war einmal eine Entscheidung:

Die Entscheidung, einer Stimme im Außen zu glauben.

Die Entscheidung, dass man besser werden müsse.

Angepasst. Brav. Korrigiert.

Der Weg aus diesem inneren Gerichtssaal führt nicht über Widerstand, sondern über Erkenntnis.

Und über Liebe.

Denn dort, wo du dir selbst verzeihst, beginnt der Raum, in dem keine Urteile mehr nötig sind.

Kein Urteil, sondern Wahrheit

Dies ist kein Aufruf zur Gesetzlosigkeit – es ist ein Ruf nach Wahrheit.

Denn was ist Gesetz, wenn es ohne Bewusstsein angewendet wird?

Was ist Ordnung, wenn sie dem Leben nicht dient?

Nur dort, wo Liebe und Klarheit regieren, kann Recht zu Gerechtigkeit werden.

Und nur dort, wo das Wesen anerkannt wird – nicht die Rolle, nicht die Maske – kann Frieden sein.

Der Richter fällt nicht das letzte Urteil.

Das tut die Seele.

Und sie urteilt nicht –

sie weiß.

KAPITEL 14 : DAS GESETZ – UND WER ES SPRICHT

Es ist einer der ältesten Begriffe unserer Welt. Und doch kaum einer, der so oft missverstanden wird: das Gesetz.

Gesetz – das klingt nach Ordnung, nach Regeln, nach Sicherheit. Nach Paragrafen, Paragraphenreiterei, Urteilen und Gerechtigkeit. Aber ist es das wirklich?

Wenn wir dem Wort auf den Grund gehen, finden wir einen anderen Ursprung:

Gesetzt – nicht im Sinne von „bestimmt von oben", sondern im Sinne von hingestellt, ins Feld gelegt, aus dem Innersten geboren.

Ein Gesetz, das wahrhaftig ist, stammt nicht aus einem Buch. Es stammt aus der Mitte des Lebens. Aus der Mitte des Menschen. Aus dem, was natürlich ist – und nicht gemacht.

Doch was hat man daraus gemacht?

Ein undurchschaubares System künstlicher Regeln, durchzogen von Konstrukten wie Staat, Gerichtsbarkeit, Richter, Person, Frau, Herr. Jeder dieser Begriffe – ein eigener Zaun, ein eigenes Gatter im Gehege, das man uns als „Rechtsstaat" verkauft.

Wer spricht das Gesetz?

Ein Mensch?

Ein Richter?

Ein „Staat"?

Oder ist es die Stimme im Innersten, die sagt:

„Das ist richtig. Und das ist falsch."

Nicht, weil es irgendwo steht – sondern weil es in der Natur der Dinge liegt.

Weil der Fluss nicht rückwärts fließt.

Weil ein Apfel nicht zur Birne wird.

Weil Wahrheit sich nicht beugen lässt, egal wie viele sie verdrehen.

Wenn ich mich also frage:

Was ist mein Gesetz?

Dann ist es nicht der Text, den mir jemand hinhält. Nicht das Urteil, das über mich gesprochen wurde. Nicht die Norm, in die ich gepresst wurde.

Mein Gesetz ist:

Was aus meinem Ursprung kommt.

Was in Resonanz mit dem Feld schwingt.

Was kein anderer für mich bestimmen kann.

Denn ich bin kein Konstrukt. Ich bin kein Paragraph. Ich bin keine „Person".

Ich bin kein „Bürger". Ich bin kein „Fall". Ich bin ein Mensch – und mehr noch:

Ich bin ein Wesen des freien Willens, geboren aus einer schöpferischen Quelle, ausgestattet mit Bewusstsein.

Und dieser freie Wille – das ist das eigentliche Gesetz.

Er ist das Maß, an dem sich alles messen muss.

Nicht der Zwang. Nicht die Belehrung. Nicht das Urteil eines anderen.

Nur ich – in meiner Tiefe – kann wissen, was in meinem Namen gesprochen werden darf.

Das wahre Gesetz ist nicht geschrieben. Es ist empfunden. Gelebt.

Es wird nicht verhandelt – es offenbart sich.

In der Stille. Im Mut. In der Wahrheit.

Wenn du also wieder einmal hörst:

„So steht es im Gesetz"

dann frage zurück:

„Welches Gesetz meinst du? Das echte – oder das gemachte?"

Denn eines ist sicher:

Nur wer selbst erkennt, kann sich selbst führen.

Alle anderen brauchen Gesetze, weil sie sich nicht mehr erinnern, wer sie sind.

KAPITEL 15 : BEAMTER – DER NAME IST EIN BEFEHL

Das Wort „Beamter" – vom Beamten zum Befehlsempfänger

Sprache ist verräterisch – im besten Sinne. Sie trägt, wenn man genau hinhört, die Geschichte und das Wesen eines Begriffs in sich. Das Wort **„Beamter"** klingt harmlos, fast ein wenig trocken – doch seine Bedeutung ist alles andere als neutral.

„Beamter" leitet sich vom „Amt" ab, einem ursprünglich kirchlichen Begriff, der im Mittelhochdeutschen von ambeht oder ambaht stammt – aus dem Althochdeutschen „ambahti", was Dienst, Auftrag, Gehorsam bedeutet. In direkter Linie geht es zurück auf das lateinische ambactus, was so viel wie Knecht oder Diener bedeutet. Es ist also eingebettet in ein Geflecht aus Hierarchie, Unterwerfung und Fremdbestimmung.

Der Beamte ist nicht frei in seinem Handeln – er ist ein Beauftragter. Und sein Auftraggeber ist der Staat, die Verwaltung, das Gesetz oder gar eine übergeordnete „Ordnung", deren Definition ihm selbst entzogen ist. Die Idee: ein Mensch verzichtet auf Eigenverantwortung, um sich „ganz dem Dienst" zu widmen. Doch dieser Dienst ist selten dem Menschen gewidmet – sondern vielmehr der Institution.

Das Amt ist kein Ort – es ist eine Maske.

Das Amt als Maske – handeln im Namen einer Institution

Ein Mensch, der sich „im Amt" befindet, handelt nicht als Mensch, sondern als Vertreter einer Rolle.
Im Schriftverkehr wird das deutlich:

„Im Namen des Gesetzes."
„Im Auftrag des Amtes."
„Nach Weisung der Behörde."

Der Mensch, der unterschreibt wird zur Person und hat kaum eigene Autonomie. Sie vollzieht. Sie führt aus, was andere beschlossen oder was ein System vorgeschrieben hat. Der Mensch dahinter bleibt im Schatten.

Das Amt dient als Schutzschild – aber auch als Schutzbehauptung.
„Ich mache ja nur meinen Job."
„Ich befolge nur Vorschriften."
„Ich entscheide das nicht – das ist so vorgeschrieben."

So entgleitet die Verantwortung.
So verschwimmen Schuld und Gewissen.
Und so entstehen Systeme, in denen Unrecht möglich wird, ohne dass jemand sich zuständig fühlt.

Zwischen Mensch und Funktion – das innere Dilemma

Viele Beamte sind Menschen mit Prinzipien, mit Herz, mit moralischem Empfinden. Sie erleben täglich einen tiefen inneren Konflikt: zwischen der Stimme des Gewissens – und der Stimme der Vorschrift.

Wie viele spüren in sich:

Das fühlt sich falsch an.
Ich würde gerne anders handeln.
Aber ich darf nicht – es ist mir verboten.

Das ist die Tragik des Beamtentums: Es bindet nicht nur die Hände – es bindet oft das Gewissen.
Wer im System bestehen will, muss lernen, zwischen Menschsein und Funktion zu trennen.
Diese Trennung jedoch macht krank.
Denn der Mensch ist nicht dafür gemacht, sich dauerhaft von seinem Herzen zu distanzieren.

Der Eid auf das System – Loyalität oder Hörigkeit?

Der „Amtseid" ist eines der zentralen Rituale der Institution. Hier wird symbolisch der Pakt besiegelt:
Ein Mensch schwört, dem System zu dienen. Nicht dem Leben, nicht dem Mitmenschen, nicht der Wahrheit – sondern der jeweiligen Ordnung.

Doch was, wenn diese Ordnung Unrecht trägt?
Was, wenn das Gesetz die Menschlichkeit verletzt?
Was, wenn Gehorsam zur Komplizenschaft wird?

Die Geschichte kennt unzählige Beispiele dafür. Und sie kennt die Ausreden.

„Ich habe nur Befehle befolgt."
„Ich war nicht verantwortlich."
„Ich musste meinen Eid halten."

Ein Eid, der den Menschen entmündigt, ist kein Gelöbnis – er ist ein innerer Pakt mit der Fiktion. Und jede Fiktion verlangt Opfer. Das erste Opfer ist oft das eigene Gewissen.

Der Weg hinaus – aus dem Amt zurück ins Menschsein

Es braucht Mut, diesen Weg zu gehen:
Sich aus der Funktion zu lösen – zurück ins eigene Menschsein. Es ist kein äußeres Kündigungsschreiben, das diesen Schritt vollzieht – sondern ein inneres Erwachen.

Zu erkennen:

Ich bin nicht meine Rolle.
Ich bin nicht das Amt.
Ich bin nicht verbeamtet – ich bin Mensch.

Vielleicht beginnt es mit einer Frage:

Wem diene ich wirklich?
Was ist wahr – und was ist nur Verwaltung?

Viele verlassen das System nicht äußerlich – aber sie beginnen, innerlich auszusteigen.
Sie hören auf, sich über Titel zu definieren. Sie beginnen, wieder zuzuhören – nicht der Vorschrift, sondern dem Leben selbst.

Und manche gehen wirklich – weil sie spüren, dass ihre Seele nicht länger im Dienst einer Maschinerie stehen kann.

Diese Menschen tragen nicht länger das „Amt" – sondern Verantwortung.
Nicht länger ein Befehl – sondern eine Entscheidung.
Sie sind nicht länger Beamte – sie sind Menschen in Würde.

KAPITEL 16 : HOCHZEIT & STANDESAMT – DAS HEILIGE BÜNDNIS IM VERWALTUNGSGEWAND

Es beginnt mit einem weißen Kleid.

Mit dem Klang von Musik.

Mit dem Versprechen, sich zu lieben – in guten wie in schlechten Zeiten.

Und doch endet es oft bei Aktenzeichen, Steuerklassen und Gerichtsbeschlüssen.

Wie kam es dazu?

Wie wurde aus dem heiligen Bund zweier Seelen ein Verwaltungsakt im Namen eines Systems?

Der Ursprung – Zwei Seelen, ein Band

Jenseits aller Dokumente, Urkunden und Feierlichkeiten ist die Ehe ursprünglich ein heiliger Schwur.

Zwei Wesen – ein Mensch und ein Mensch – begegnen sich in Wahrhaftigkeit.

Nicht auf Papier, sondern in ihrer Präsenz, in der Tiefe ihres Seins.

Eine Verbindung, geboren aus freiem Willen, aus gegenseitiger Anerkennung.

Ein Bund nicht des Besitzes, sondern des Vertrauens.

Ein Kreis, in dem zwei sich begegnen – ohne Vertrag, ohne Dritte, ohne Zeugnis außer dem eigenen Herzen.

Und doch wurde genau dieser innere Schwur externalisiert.
Formalisiert.
Verrechtlicht.

Warum?

Die Verrechtlichung der Liebe

Das Standesamt – ein Wort, das wirkt wie eine neutrale Einrichtung.
Doch wer genau hinsieht, erkennt: Der Begriff selbst offenbart die Absicht.

„Standesamt" – ein Amt für Stände.

Historisch war der Stand die soziale Position im Gefüge einer Gesellschaft: Adel, Klerus, Bürgertum, Bauern.
Das Standesamt verwaltet genau diese Stellung – und erfasst, registriert, kontrolliert.

Wenn wir also „standesamtlich heiraten", dann treten wir als Stände in ein juristisch geregeltes Verhältnis.
Nicht als lebendige Menschen, sondern als eingetragene Rechtspersonen.
Als Figuren im Spiel der Verwaltung.

Das „Amt" bescheinigt nicht die Liebe.
Es verwaltet Zugehörigkeit, Pflicht und Besitz.

Es ist nicht der Ort der Verbindung, sondern der Ort der Anmeldung.
Der Ort, an dem aus der inneren Entscheidung ein verwaltetes Vertragsverhältnis wird.

Und das Erschreckende ist:
Dieser Moment – diese Bürokratie – wurde zum offiziellen Maßstab der Liebe erklärt.
Die wahre, stille, feurige Verbindung zweier Seelen hingegen wurde zur „nicht rechtskräftigen Form" herabgestuft.

Die Rolle der Person in der Ehe

Wenn zwei Personen heiraten, dann heiraten nicht zwei Seelen.
Es heiraten zwei juristische Konstrukte. Zwei MASKEN. Zwei Aktenzeichen.

Ein Vertrag entsteht, in dem Eigentum, Rechte, Pflichten, Erbfolgen und Steuerklassen geregelt sind.
Ein Vertrag, der im Zweifel gegen das eigene Herz wirkt – und vor allem zugunsten des Staates.

Denn dieser Staat, der sich neutral gibt, sitzt in Wahrheit mit am Traualtar.
Er ist stiller Dritter, der alles protokolliert.
Er ist es, der bestimmt, was mit deinem gemeinsamen Besitz geschieht.
Er entscheidet, wer im Fall der Fälle das Sorgerecht erhält.
Er entscheidet über Trennung, Scheidung, Alimente und Rentenausgleich.

Kurz: Der Staat wird mit-verheiratet.

Und du?
Du wirst zur verwalteten Einheit – eingetragen, erfasst, archivierbar.

Der romantische Mythos

Es ist ein Meisterwerk des Marketings:
Die Hochzeit als schönster Tag des Lebens.
Prinzessinnenkleid, Torte, Ring – alles glänzt.
Doch kaum jemand sieht, was wirklich besiegelt wird.

Nicht die Liebe wird geschützt, sondern ihre Verwertung.
Nicht die Verbindung wird geheiligt, sondern der Zugriff.

Der romantische Mythos dient als Maske für etwas anderes:
Bindung an das System.
Verschmelzung mit der Struktur.
Absicherung staatlicher Zugriffsmöglichkeiten auf dich und dein Leben – auch im Fall der Trennung.

Und das Standesamt ist das Tor, durch das du schreitest – nicht in die Freiheit, sondern in ein codiertes Abhängigkeitsverhältnis.

Und was wäre stattdessen?

Ein freier Bund.

Ein Kreis aus Feuer.
Ein Ja, das aus der Tiefe kommt – nicht aus Angst vor Einsamkeit, Altersarmut oder steuerlichen Nachteilen.

Eine Verbindung, die sich nicht über Besitz definiert, sondern über Verantwortung.
Ein Tanz um das Feuer – barfuß, echt, offen.

Es braucht keinen Notar.
Kein Protokoll.
Nur das Bewusstsein zweier freier Wesen: Ich sehe dich. Ich wähle dich. Ich gehe mit dir – und ich lasse dich frei, wenn unsere Wege sich trennen.

Keine Fessel.
Keine Pflicht.
Nur Begegnung.

Der Rückweg zur Wahrheit

Die Ehe ist kein Problem.
Aber sie wurde entfremdet.
Verdreht.
In Besitz genommen.

Wie so vieles, das heilig war – wurde sie verwaltet.

Die Rückkehr beginnt dort, wo du wieder selbst sprichst.
Wo du dich erinnerst, dass dein Ja ein schöpferischer Akt ist.

Dass Liebe nicht beglaubigt werden muss, um wahr zu sein.
Und dass kein Amt der Welt entscheiden kann, wer du wirklich
bist – und wen du liebst.

Dieses Kapitel steht für das Erinnern.
Für das Abstreifen des Protokolls.
Für das Feuer der Begegnung, das nicht löscht, sondern nährt.
Für die Liebe – frei von Formular und Pflicht.
Für die Wahrheit hinter dem Vorhang des Standesamts.

KAPITEL 17 : EIGENTUM – UND DIE FRAGE: WEM GEHÖRT DIE WELT?

„Eigentum ist das, was ich mir nehme", sagte einst Max Stirner, und der Satz steht da wie ein barfüßiger König mitten in einer Welt voller Besitzurkunden, Grundstücksgrenzen und Schutzansprüche. Eigentum – das klingt nach Sicherheit, nach Kontrolle, nach Ordnung. Doch was ist Eigentum wirklich? Und wer bestimmt, was jemandem „gehört"?

Der Ursprung der Behauptung

Der Begriff „Eigentum" leitet sich vom althochdeutschen eigan ab, was „besitzen", „haben", aber auch „jemandem eigen sein" bedeutet. Schon in der Etymologie zeigt sich eine doppelte Bewegung: Etwas, das von innen kommt – und gleichzeitig eine Bewegung nach außen, in Besitznahme. Doch: Ist das, was ich besitze, wirklich ein Teil von mir? Oder habe ich es nur beansprucht?

In der Tiefe offenbart sich eine paradoxe Struktur: Eigentum scheint Freiheit zu versprechen, doch es gründet sich fast immer auf Ausgrenzung. Wer etwas „sein Eigen" nennt, schließt andere davon aus. Mein Haus – dein Haus. Mein Land – dein Land. Meine Grenze – dein Verbot.

Und genau hier beginnt die große Illusion: Die Erde, das Wasser, die Luft – niemand hat sie erschaffen. Kein Mensch hat je den Wald geboren oder den Himmel aufgespannt. Doch kaum jemand stellt infrage, dass ein Mensch über ein Stück Land verfügen kann wie über ein Paar Schuhe. Eigentum wurde zur zweiten Natur erklärt, zur unantastbaren Säule der Ordnung. Doch ist es nicht vielmehr eine kulturell verankerte Behauptung?

Besitz und Angst – das Zwillingspaar

Warum hält der Mensch so krampfhaft an seinem Eigentum fest? Aus Liebe? Wohl kaum. Besitz ist oft ein Schutzpanzer gegen die Angst. Angst vor Mangel, vor Kontrollverlust, vor Bedeutungslosigkeit. In einem System, das auf Trennung und Konkurrenz aufgebaut ist, wird Eigentum zum Symbol der Selbstbehauptung: Ich bin, weil ich habe.

Doch das „Haben" ersetzt nicht das „Sein". Im Gegenteil: Je mehr ich mich über Eigentum definiere, desto mehr verliere ich das Gefühl für die Fülle, die ich bin – unabhängig von äußeren Dingen. Eigentum kann Sicherheit vorgaukeln, aber keine Verbindung schaffen. Wer etwas besitzt, muss es verteidigen. Wer teilt, muss vertrauen.

Das Eigentum an Menschen – die Wurzel der Entfremdung

Besonders perfide zeigt sich die Eigentumslogik in Konstrukten wie dem Sklaventum, aber auch in heutigen Begriffen wie Mitarbeiter („jemand, der an meinem Werk mitarbeitet"), Personal (von persona, Maske) oder gar der Personalakte. Der Mensch als verwalteter Besitzkörper, der in ein System eingegliedert, bewertet und verwertet wird.

Noch deutlicher wird es in der juristischen Fiktion der „Person", deren Eigentümer man stillschweigend geworden ist – durch Annahme, Unterschrift, Teilnahme. Doch wer besitzt hier wen? Bin ich mein eigenes Eigentum? Oder ist die „juristische Person" ein Besitzstand des Staates, der sich mit Aktenzeichen und Steuernummer die Verfügungshoheit sichert?

Die Frage nach dem Eigentum ist daher zugleich eine Frage nach der Selbstbestimmung. Wem gehört mein Körper? Mein Name? Meine Geschichte? Mein Wille?

Wem gehört die Welt?

Die Erde gehört niemandem – und allen. In indigenen Kulturen war das Konzept von Eigentum oft unbekannt. Land wurde nicht besessen, sondern bewohnt. Wasser wurde nicht verkauft, sondern gesegnet. Das Feuer gehörte dem Kreis, nicht dem Individuum. Die Natur war eine lebendige Verwandte – keine tote Ressource.

Das moderne Eigentumsdenken hingegen trennt. Es nimmt und hortet. Es erklärt das Gemeinsame zur Ware. Es errichtet Zäune, Gesetze und Verträge, um das zu sichern, was eigentlich nicht gesichert werden kann: das Lebendige.

Doch das Eigentum ist nicht das Problem. Das Problem ist die Identifikation damit – und der Glaube, dass es uns definiert. Erst wenn wir loslassen, erkennen wir: Besitz ist immer relativ. Nichts bleibt. Alles ist Bewegung, Fluss, Austausch.

Eigentum im Wandel

Vielleicht ist es an der Zeit, Eigentum neu zu denken. Nicht als Monopol, sondern als Verantwortung. Nicht als Recht, sondern als Beziehung. Wenn mir etwas „gehört", dann vielleicht nur so lange, wie ich es achtsam hüte, liebevoll gebrauche und bereit bin, es weiterzugeben.

Vielleicht ist die größte Freiheit nicht, möglichst viel zu besitzen – sondern möglichst wenig zu brauchen.

Vielleicht beginnt das wahre Eigentum dort, wo nichts festgehalten wird – sondern alles in gegenseitiger Wertschätzung fließen darf.

Vielleicht ist Eigentum dann kein Machtmittel mehr – sondern ein Ruf zur Fürsorge.

Und wem gehört nun die Welt?

Niemandem.

Und genau deshalb dürfen wir sie mit allem teilen, was wir sind.

Eigentum in Familie, Kind und Beziehung

Die Illusion des Eigentums macht auch vor dem Intimsten nicht halt: der Familie, der Partnerschaft, der Elternschaft. So sehr wir uns nach Verbundenheit sehnen – wir sind geprägt durch ein Denken in Besitzstrukturen. „Mein Mann", „meine Frau", „mein Kind" – das klingt harmlos, ja liebevoll. Doch wie oft verbirgt sich dahinter eine unbewusste Haltung von Verfügung, Kontrolle, Anspruch?

Das Kind als Eigentum?

Gerade in der Beziehung zu Kindern wird die Eigentumsfrage auf schmerzhafte Weise spürbar. Viele Eltern glauben – ganz ohne bösen Willen –, dass ihr Kind ihnen gehört. Dass es geformt, geführt, belehrt und in eine vorgedachte Welt „hineinerzogen" werden müsse. Doch das Kind ist kein Besitz, kein Projekt, kein Lehmklumpen in der Hand der Erwachsenen. Es ist ein eigener, ganzer Mensch – mit eigenem Wesen, eigenem Zeitplan, eigenem Zugang zur Welt.

Die Sprache verrät uns: Wenn gesagt wird „Ich habe ein Kind", klingt das wie: Ich habe ein Auto, ein Haus, ein Konto. Aber ein Kind hat man nicht. Man begleitet es. Man beschützt, nährt, liebt – aber man besitzt es nicht. Wer Kinder besitzt, verletzt ihr Geburtsrecht: frei zu sein in ihrem Sein.

Nicht umsonst sagt der Dichter Khalil Gibran:*„Eure Kinder sind nicht eure Kinder. Sie sind die Söhne und Töchter der Sehnsucht des Lebens nach sich selbst."*

Ehe und Partnerschaft: Vertrag oder Begegnung?

Auch in der Liebe wirkt der Besitzgedanke wie ein Schatten. Die romantische Vorstellung von „du gehörst mir" – so sehr sie nach Hingabe klingen mag – ist in Wahrheit ein Echo alter Abhängigkeit. Wenn die Liebe zum Vertrag wird, wenn sie „besiegelt" werden muss durch ein Amt, ein Dokument, einen Stempel – dann verlässt sie das lebendige Feld des Augenblicks und wird Teil eines Systems der Kontrolle.

Das Standesamt, wörtlich verstanden, ist das „Amt des Standes" – es verwaltet den Status, nicht die Liebe. Es entscheidet, wer „zusammengehört" – und mit welchen Rechten und Pflichten. Doch was hat wahre Verbindung mit einem rechtlichen Konstrukt zu tun? Was sagt ein Paragraph über die Tiefe einer Seele?

Die Ehe als Vertrag wurde historisch zur Absicherung von Erbfolge, Besitzstand, Legitimität. Liebe spielte oft keine Rolle. Heute wird sie romantisch verklärt – doch das Korsett bleibt. Steuerklasse, Sorgepflicht, Scheidungsrecht – das sind die Gitterstäbe, durch die hindurch Beziehung geregelt wird.

Wirkliche Verbindung braucht keine Besitzverhältnisse. Sie braucht Mut, Präsenz und Wahrheit. Keine Stempel, keine Unterschrift, kein Versprechen vor einer Instanz.

Vom Ich zum Wir – jenseits von Eigentum

Wahre Familie, wahre Liebe, wahres Miteinander entsteht dort, wo niemand den anderen besitzt – und niemand den anderen braucht, um sich selbst zu spüren. Sie wächst in

Freiheit, nicht im Vertrag. Sie gedeiht in Resonanz, nicht im Recht.

Wenn wir uns von der Idee lösen, dass Menschen einander „gehören", dann entsteht Raum für echte Nähe. Dann können wir einander wirklich sehen, jenseits von Rollen und Besitzansprüchen. Dann darf das Kind ein Stern sein, der uns überrascht. Der Partner ein Weggefährte auf Zeit – oder für immer, doch ohne Zwang.

Dann bedeutet Familie nicht: mein Blut, meine Pflicht, meine Regel – sondern: dein Wesen, dein Licht, deine Freiheit – in meinem Herzen.

Denn nichts Lebendiges lässt sich besitzen.

Nur das Tote wird gehalten. Das Lebendige wird geliebt.

KAPITEL 18 : MENSCHLICHKEIT – DAS SCHÖNE WORT FÜR UNTERWERFUNG?

„Sei doch menschlich."
„Das ist doch nur menschlich."
„Ein bisschen mehr Menschlichkeit bitte!"

Wie weich, wie freundlich dieses Wort klingt.
Wie sehr es an unser Mitgefühl, unsere Ethik, unsere Wärme zu appellieren scheint.
Aber was genau bedeutet eigentlich Menschlichkeit – in einer Welt, in der der Mensch selbst zu einer juristischen Konstruktion geworden ist?

Was, wenn das schöne Wort eine Maske ist?
Eine semantische Falle?
Ein Etikett, das dich in einer Rolle hält, die nicht dir gehört?

Das Etikett „Menschlichkeit" – wer definiert es?

Wer oder was legt eigentlich fest, was menschlich ist?
Was als Menschlichkeit gilt, ist kein objektiver Zustand – sondern ein kulturell geprägter, institutionell gefärbter Wert.

In modernen Gesellschaften wird unter Menschlichkeit oft verstanden:

sich an Regeln zu halten,

sich „sozialverträglich" zu verhalten,

Hilfe zu leisten im Rahmen staatlicher oder NGO-gesteuerter Vorgaben,

sich selbst zurückzunehmen – im Sinne der Gemeinschaft.

Aber ist das wirklich deine Vorstellung von Menschsein?

Oder ist es die domestizierte Form des Menschlichen?
Ein moralischer Dressurakt?
Ein Konstrukt, das dich sanft in die Unterordnung führt?

Menschlichkeit als moralisches Erziehungsmittel

„Sei menschlich!" – dieser Satz wird oft verwendet, um Verhalten zu bewerten.
Aber nicht nur im Positiven.

Wenn du laut wirst, heißt es: „Das ist doch unmenschlich."

Wenn du dich abgrenzt: „Wie kann man nur so kalt sein?"

Wenn du Systeme in Frage stellst: „Das ist zynisch – wo bleibt deine Menschlichkeit?"

So wird Menschlichkeit zum Zwang zur Milde.
Zur Selbstaufgabe.
Zur Unterwerfung unter kollektive Erwartungen.

Ein Mensch gilt als menschlich, wenn er sich moralisch benimmt
– nach fremden Maßstäben.
Das ist nicht Freiheit.
Das ist soziale Normierung im Gewand der Tugend.

Das Menschliche als das Schwache

Noch eine Nuance, die selten beleuchtet wird:
In vielen Sprachmustern wird das Menschliche gleichgesetzt mit
dem Fehlerhaften.

„Irren ist menschlich."

„Wir sind doch alle nur Menschen."

„Das war unperfekt – aber menschlich."

Was für ein seltsames Bild:
Das Menschliche wird assoziiert mit Schwäche, Irrtum, Bedürf-
tigkeit.
Fast, als wäre der Mensch ein Mängelwesen.

Doch ist das wirklich so?

Was, wenn das Menschliche nicht das Irrende, sondern das
Schöpferische ist?
Nicht das Unzulängliche, sondern das Wahrhaftige?

Was, wenn Menschlichkeit nicht heißt, angepasst zu sein – sondern bewusst zu leben?

Menschlichkeit als Kehrseite des Systems

Gerade in Notlagen, in humanitären Krisen, wird der Begriff oft verwendet:

Menschlichkeit in der Politik.

Menschlichkeit an der Grenze.

Menschlichkeit im Gesundheitswesen.

Aber was geschieht wirklich?

Unter dem Deckmantel der „Menschlichkeit" wurden Kriege geführt.
Unter dem Ruf nach „humanitären Einsätzen" wurden Länder destabilisiert.
Unter dem Schild der „menschlichen Hilfe" wurden Biometrie, Kontrolle und Enteignung implementiert.

Wer von Menschlichkeit spricht, folgt oft einem Drehbuch, das genau weiß, wie man Emotionen steuert.

Und der Mensch, der wirklich handelt – aus Herz, Klarheit, Mitgefühl – passt oft nicht ins Bild. Er ist „zu radikal", „zu unbequem", „zu ehrlich".

Die Umkehrung: Die wahre Menschlichkeit

Was wäre, wenn wahre Menschlichkeit bedeutet:

Klar Nein zu sagen?

Sich nicht zu verkaufen?

Nicht für jede Lüge ein weiches Verständnis aufzubringen?

Den Mut zu haben, allein zu stehen – statt falsch eingebettet zu sein?

Dann wäre Menschlichkeit kein Anpassungsverhalten.
Sondern gelebte Würde.
Dann wäre sie nicht Mitläufertum im Namen des Guten.
Sondern ein JA zu Wahrheit, Integrität, Tiefe.

Dann wäre Menschlichkeit nicht das Etikett, das man Menschen aufklebt, die funktionieren.
Sondern der Ausdruck eines Bewusstseins, das nicht mehr zu manipulieren ist.

Und was bleibt?

Das Wort „Menschlichkeit" ist ein Schlüssel – und zugleich ein Schleier.

Wenn du ihn hebst, findest du dahinter nicht nur die verletzliche, mitfühlende Seite des Menschen.
Sondern auch seine ungebrochene Kraft.
Seine Klarheit.
Seine Fähigkeit, inmitten von Systemen, Forderungen und Zwängen ganz bei sich zu bleiben.

Der Mensch ist nicht schwach.
Er ist schöpferisch.
Und wahrhaft menschlich ist, wer in Würde steht – auch wenn das System ihn dafür tadelt.

🕊

So fällt auch hier ein Vorhang.
Der Vorhang über einem Wort, das oft weich gewebt war – aber fest gebunden an Erwartung.
Jetzt darf es sich neu zeigen:
Nicht als Maske. Sondern als Essenz.
Deine Menschlichkeit – in Freiheit.

KAPITEL 19 : ARBEIT – DIENST ODER DIENEN?

„Ich muss zur Arbeit."
Ein alltäglicher Satz.
Und doch ein Satz, der oft schwer wiegt.
Denn Arbeit ist in unserer Welt selten Ausdruck von Freude oder Berufung –
sondern eher Pflicht, Last oder Zwang.

Doch woher kommt dieser Begriff überhaupt?
Was steckt hinter dem Wort Arbeit – und was wurde daraus gemacht?

Arbeit – eine Bürde in der Wurzel

Das Wort „Arbeit" stammt etymologisch aus dem Althochdeutschen:
„arabeit" – Mühsal, Plage, Not.
Im Altslawischen steht robota für Frondienst – und später für Zwangsarbeit.
Das englische labour und das französische travail stammen vom lateinischen tripalium – einem Folterinstrument mit drei Pfählen, an das Menschen gefesselt wurden.

Das bedeutet:
Die ursprüngliche Bedeutung von Arbeit war Leid.

Ein Konzept, das mit Zwang, Mühe, Schmerz und Unterordnung verknüpft ist –
nicht mit Freude, Kreativität oder Sinn.

Diese Prägung wirkt bis heute fort – im System, im Sprachgebrauch, im Denken.

Die neue Sklaverei: Arbeiten um zu leben?

„Ohne Arbeit kein Lohn."

„Wer nicht arbeitet, soll auch nicht essen."

„Erst die Arbeit, dann das Vergnügen."

Diese Sätze sind keine neutralen Sprüche – sie sind Programmierungen.
Sie wirken wie Glaubenssätze, die sich tief in unser kollektives Bewusstsein eingraviert haben.

Sie suggerieren:

Du musst dich anstrengen, um würdig zu sein.

Du musst schuften, um überleben zu dürfen.

Du darfst nur genießen, wenn du dich zuvor gequält hast.

Das ist ein Denkmodell der Leistungsabhängigkeit.
Und es hält Menschen im Rad von Angst, Anpassung und Schuld gefangen.

Dienst oder Dienen?

Zwischen diesen beiden Begriffen liegt eine Welt.

Dienst ist oft ein Fremddienst.
Du dienst einer Struktur, die dir nicht entspricht.
Du erfüllst fremde Erwartungen.
Du opferst deine Zeit – im Tausch gegen Geld.

Dienen hingegen ist ein innerer Akt.
Du bringst dein Wesen ein – freiwillig.
Du wirkst aus dem Herzen.
Du gibst, weil du erfüllt bist – nicht leer.

Arbeit im herkömmlichen Sinn ist häufig Dienst – und nicht Dienen.
Sie verlangt den Menschen ab, sich selbst zu vergessen.
Sie entseelt das Tun – zugunsten von Effizienz, Kontrolle und Profit.

Doch echter Dienst geschieht aus Freiheit.
Er ist ein Geschenk – kein Handel.

Die moderne Arbeitswelt: organisiert in Entfremdung

Schau dich um:
Die heutige Arbeitswelt ist voller Begriffe wie:

Bewerbermanagement

Human Resources

Mitarbeiterbindung

Zielvereinbarung

Effizienzsteigerung

Der Mensch wird zur Ressource, zur Kennzahl, zum Rädchen im Getriebe.
Und die Frage, was ihn eigentlich innerlich bewegt, berührt, begeistert –
wird selten gestellt.

Die Arbeit als Ort der Selbstverwirklichung ist selten Realität.
Viel öfter ist sie ein Ort der Selbstaufgabe.
Ein Ort, wo man seine Lebenskraft gegen Monatslohn verkauft.
Wo die Uhr diktiert, wann du aufs Klo darfst – und wie lange du leben darfst, bevor man dich „in Rente schickt".

Der große Tausch

Viele tauschen:

ihre Zeit gegen Geld

ihre Lebensenergie gegen Sicherheit

ihre Kreativität gegen Gehorsam

Doch was ist der Preis?

Erschöpfung.

Leere.

Seelische Abstumpfung.

Körperliche Krankheit.

Und am Ende stellt sich die Frage:

„Habe ich wirklich gelebt – oder nur funktioniert?"

Berufung – der Ruf des Herzens

Wenn du wirklich dienst, folgst du dem, was dich ruft.
Nicht dem, was dich bindet.

Der Unterschied zwischen Arbeit und Berufung ist:
Berufung kommt von innen.
Sie ist keine Pflicht – sondern ein natürlicher Fluss.
Sie speist dich, während du gibst.
Sie nährt dich, auch wenn du müde wirst.

Sie bringt dich in Verbindung mit dem, was du wirklich bist.
Nicht, was du zu sein gelernt hast.

Arbeit neu denken: Freiheit im Tun

Was wäre, wenn Arbeit kein Ort der Ausbeutung mehr wäre –
sondern ein Ausdruck deines Wesens?

Was, wenn Dienen kein Symbol von Unterordnung wäre –
sondern von Größe?

Was, wenn du nicht länger „leisten" müsstest –
sondern wirken dürftest?

Dann wäre Arbeit nicht länger ein Mittel zum Zweck.
Sondern ein Raum, in dem du wächst, leuchtest, beiträgst –
ohne dich zu verlieren.

Der Weg zurück zur Würde

Arbeit ist nicht falsch –
aber die Art, wie wir sie gelernt haben, ist entstellt.

Sie wurde zum Machtinstrument gemacht.
Zum Disziplinierungswerkzeug.
Zum Mittel, Menschen in Angst und Schuld zu halten.

Doch du darfst neu wählen.

Du darfst Nein sagen zur Selbstverleugnung.

Du darfst deine Gabe finden – und ihr folgen.

Du darfst aufhören, funktionieren zu wollen – und beginnen, wirklich zu leben.

Dienen in Würde heißt:
Du gibst aus Überfluss – nicht aus Pflicht.
Du bist frei – und deshalb kraftvoll.
Du bist verbunden – mit dir, mit dem Leben, mit dem, was du hierher mitgebracht hast.

KAPITEL 20 : DAS FELD – ZUGANG ZUR QUEL-LE

(Teil 2: Der Schlüssel ins Feld)

„Das Sichtbare ist nur die Oberfläche – das Wirkliche pulsiert darunter."

Wenn wir vom „Feld" sprechen, betreten wir einen Raum, der nicht in Metern und Litern gemessen werden kann. Es ist ein Raum jenseits der Form, jenseits des Benennbaren – und doch ist es der Ursprung von allem, was Form annimmt.

Das Feld ist kein Ort im klassischen Sinn. Es ist ein Zustand. Ein Bewusstseinsraum. Ein lebendiges Netz, durchzogen von Information, Schwingung, Intelligenz – und Liebe. Es ist das, was uralte Kulturen Geist nannten, was moderne Physik als Quantenvakuum oder Nullpunktfeld zu fassen versucht, was die Mystiker als das Eine bezeichneten.

Und du bist ein Teil davon. Unauflöslich verbunden. Nicht getrennt. Niemals gewesen.

Die Trennung – eine Illusion der Form

Unsere Welt lebt von Kategorien. Von Einteilungen. Von „Ich" und „Du", „hier" und „dort", „Körper" und „Geist". Doch in Wahrheit gibt es diese Trennung nicht – sie entsteht erst durch die Wahrnehmung, durch Sprache, durch das Denken in Gegensätzen.

Das Feld kennt keine Trennung. Es kennt nur Verbindung.

Die moderne Sprache hat uns gelehrt, alles zu zerschneiden, zu benennen, zu isolieren. Doch dadurch haben wir vergessen, dass das Leben ein Gewebe ist – nicht eine Liste von Dingen.

Verbundenheit als natürlicher Zustand

Kinder wissen es noch. Tiere leben darin. Pflanzen reagieren unmittelbar auf das, was geschieht – nicht, weil sie „denken", sondern weil sie verbunden sind.

Du bist das auch.

Du nimmst das Feld die ganze Zeit wahr: als Intuition, als Ahnung, als Gänsehaut, als „komisches Gefühl", als Inspiration, als plötzliche Klarheit. Doch in einer Welt, die Beweise will und Logik anbetet, haben wir verlernt, dieser Verbindung zu trauen.

Das Feld spricht nicht in Worten – es spricht in Resonanz. In Schwingung. In Stille.

Der Zugang – kein Weg, sondern ein Erinnern

Viele suchen Wege ins Feld: durch Meditation, Zeremonien, Pflanzen, Musik, Rückzug. Doch in Wahrheit ist das Feld nie weg gewesen. Du bist im Feld – immer. Es geht nicht darum, es zu finden. Es geht darum, es nicht länger zu überdecken.

Der Zugang ist ein Loslassen – kein Suchen.

Er geschieht dort, wo Kontrolle aufhört. Wo Gedanken ruhiger werden. Wo du aufhörst, dich zu fragen, ob du „richtig" bist. Wo du aufhörst, dich zu benennen – und einfach bist.

Das Feld antwortet

Wenn du dich mit dem Feld verbindest, beginnt ein Dialog. Kein lauter, sondern ein leiser. Das Feld antwortet in Bildern, in Zeichen, in inneren Bewegungen. In plötzlichen Begegnungen, in Synchronizitäten, in kleinen Wundern, die sich niemand ausdenken kann.

Doch es antwortet nur auf Echtheit.

Wenn du etwas „willst", um zu bekommen – bleibt das Feld still. Wenn du etwas „fragst", um zu manipulieren – bleibt es leer. Aber wenn du mit offenem Herzen anwesend bist – beginnt die Bewegung.

Die Quelle deines Willens

Hier – im Feld – beginnt auch dein wahrer Wille. Nicht der Wunsch nach Kontrolle. Nicht das Getriebensein. Sondern das stille Wissen darum, was jetzt ansteht. Was wahr ist. Was dich ruft.

In Verbindung mit dem Feld wirst du nicht „stärker" im Sinne von „mächtiger". Du wirst echter. Du beginnst, nicht mehr aus Angst zu handeln, sondern aus Klarheit.

Du wirst geführt – nicht von außen, sondern von innen. Vom Leben selbst.

Eine Einladung zur Rückverbindung

Vielleicht liegt genau hier der Schlüssel zu allem: Dass wir uns erinnern, was wir immer schon waren.

Nicht getrennt. Nicht verloren. Nicht falsch.

Sondern verbunden. Und aus dieser Verbindung entsteht eine neue Art zu leben. Nicht gegen das Leben – sondern mit ihm.

Denn dort, wo du das Feld wieder fühlst, beginnt das, was man früher Heiligkeit nannte:

Nicht religiös – sondern lebendig.

KAPITEL 21 : ICH BIN – JENSEITS DER BE-ZEICHNUNG

„Ich bin, der Ich bin." – Eine der ältesten und machtvollsten Aussagen der Menschheitsgeschichte. Und doch: Kaum jemand wagt sie, wirklich zu leben.

Was bedeutet es, zu sein – jenseits aller Zuschreibungen?

In einer Welt, die unaufhörlich benennt, klassifiziert, etikettiert und identifiziert, ist das einfachste und zugleich radikalste: nichts zu sein – außer Ich selbst.

Ohne Maske. Ohne Rolle. Ohne die Worte, mit denen man mich festhalten will.

„Ich bin" – das ist ein vollständiger Satz.

Nicht „Ich bin Lehrer", „Ich bin Frau", „Ich bin dies oder jenes".

Nur: Ich bin.

Und in diesem „Ich bin" liegt die pure Schöpfungskraft.

Denn sobald ich mich benenne, begrenze ich mich.

Ich stelle mich unter eine Definition, unter ein Konstrukt – oft unbewusst.

Ich nehme eine Maske auf, statt in mein eigenes Gesicht zu schauen.

Wer bin ich ohne Bezeichnung?

Bin ich noch jemand, wenn mich niemand erkennt?

Bin ich noch wertvoll, wenn ich nicht funktioniere?

Bin ich noch gültig, wenn ich mich entziehe?

Die alten Schriften sprechen davon, dass das Ich-bin das Göttliche selbst sei –

der Urfunke, das Bewusstsein, das sich selbst erkennt.

Und doch werden wir von klein auf darauf trainiert, uns anders zu benennen: Als Schüler. Als Staatsbürger. Als Steuerzahler. Als Sohn oder Tochter. Als Mensch mit Eigenschaften, Schwächen, Stärken – alles fein säuberlich aufgelistet.

So wird aus dem freien „Ich bin" ein gefesseltes „Ich bin etwas" –

und dieses Etwas wird dann erwartet, verglichen, vermessen.

Doch „Ich bin" will nicht vermessen werden. Es will sich erfahren.

Nicht in der Reflexion anderer, sondern in der Stille des eigenen Daseins.

Es ist das Sein ohne Etikett.

Die Seele ohne Akte.

Wer wirklich sagt: „Ich bin",

der tritt aus allen Verträgen heraus, die ihn kleiner machen.

Der lehnt die Masken ab, die ihn verwirren.

Der erkennt, dass jeder Name nur ein Schatten des Ursprungs ist.

„Ich bin" ist weder laut noch leise.

Es ist einfach da.

Unaussprechlich, und doch voller Klang.

Wenn du also das Bedürfnis spürst, dich zu erklären –

dich zu rechtfertigen – dich zu beweisen –

dann halte inne.

Atme.

Und frage dich:

Muss ich etwas sein –

oder darf ich einfach sein?

Denn dort beginnt die Freiheit:

Nicht wenn ich sage, was ich bin –

sondern wenn ich erkenne,

dass Ich bin.

KAPITEL 22 : DER WILLE ALS SCHÖPFER-KRAFT

Der Wille – ein Wort, das so selbstverständlich klingt, so oft gebraucht und doch selten wirklich verstanden wird. Was ist Wille? Ein Wunsch? Ein Begehren? Eine Absicht? Oder mehr? Weit mehr?

Wille ist die ursprüngliche Kraft in uns, die aus dem tiefsten Inneren des Seins entspringt. Nicht der flüchtige Wunsch, der morgens aufpoppt, wenn uns der Kaffee fehlt. Nicht das mühsame „Ich muss", das uns antreibt, wenn wir von Pflichten und Erwartungen getrieben sind. Nein – der wahre Wille ist die schöpferische Kraft, die unser Leben aus der Quelle des Seins heraus formt und gestaltet.

Wunsch, Wollen und Wille – drei Welten

Viele Menschen verwechseln Wünsche und Begehren mit ihrem Willen. Ein Wunsch ist oft oberflächlich, ein spontaner Impuls, der sich an angenehmen Zuständen orientiert, aber leicht von Ängsten, Zweifeln oder äußerem Druck überschrieben werden kann. Wollen dagegen ist eine bewusste Absicht, doch häufig noch stark vom Ego geprägt – von gesellschaftlichen Erwartungen, Selbstbildern oder der Suche nach Anerkennung.

Der Wille aber ist etwas anderes: Er entspringt nicht dem Verstand und nicht den Rollen, die wir spielen. Er kommt aus der Tiefe unseres Wesens, aus dem Feld, das alles durchdringt und verbindet. Der Wille ist das lebendige Ja zu dem, was wirklich ist – zu dem, was uns als Wesen ausmacht.

Die Entwurzelung des Willens

Moderne Menschen sind oft entwurzelt von ihrem eigenen Willen. Von klein auf lernen wir, unsere Impulse zu kontrollieren, zu unterdrücken, zu „funktionieren". Wir passen uns an, erfüllen Erwartungen, folgen vermeintlichen Regeln. Das System, die Erziehung, die Gesellschaft haben den freien Willen oft gebrochen oder kanalisiert. „Sei brav", „Mach das so", „Das gehört sich nicht" – all das hat den ursprünglichen Willen eingeschränkt und in Zwänge verwandelt.

Viele glauben, sie seien frei, weil sie Entscheidungen treffen können. Doch wie viele von diesen Entscheidungen sind wirklich aus ihrem Inneren heraus geboren? Wie viele sind Übernahmen, Konditionierungen, Ängste? Und wie oft wird der Wille nur als „Durchsetzungsvermögen" missverstanden – als Härte, Kontrolle, Manipulation?

Der schöpferische Wille als Geburtskanal

Der wahre Wille ist die Kraft, die aus dem Feld der Quelle heraus wirkt – wie ein Geburtskanal, durch den Neues entsteht. Er formt nicht einfach das, was unser Verstand geplant hat, sondern das, was im Einklang mit dem großen Ganzen steht. Er ist nie starr oder zwanghaft, sondern lebendig, fließend, offen.

Wille ist kein stures Festhalten an einem Ziel, sondern eine Bewegung des Seins, die sich der Weisheit des Feldes anvertraut. Wo der Verstand Grenzen sieht, öffnet der Wille Räume. Wo Angst blockiert, bewegt der Wille sich im Vertrauen.

Freier Wille versus Willensfreiheit

Juristisch wird oft von Willensfreiheit gesprochen – als könne man „frei wählen". Doch diese Freiheit ist begrenzt, eng gefasst durch Gesetze, Normen, Erwartungen. Wirklich frei ist nur, wer jenseits dieser Konstrukte seinen inneren Willen erkennt und lebt.

Freiheit des Willens ist Bewusstwerdung: das Erkennen, was wirklich aus mir selbst kommt, was nicht übernommen ist. Es ist die Kraft, „Nein" zu sagen zu dem, was nicht resoniert, und „Ja" zu sagen zu dem, was mein wahres Wesen ausdrückt.

Wille als lebendige Bewegung

Wille ist keine starre Linie, keine unverrückbare Haltung. Er ist dynamisch, wandelbar, ein lebendiger Fluss. Er passt sich an, entwickelt sich, wächst mit jeder Erfahrung. Wer seinen Willen hört, hört auch den Wandel.

So wie ein Fluss seinen Weg sucht, so sucht auch der Wille den Weg, der dem Leben dient – nicht starr und festgefahren, sondern flexibel und kraftvoll zugleich.

Den eigenen Willen spüren – ein Weg

Wie finde ich meinen echten Willen? Wie unterscheide ich ihn vom Wunsch, von Ängsten und Fremdbestimmung?

Stille suchen: Im lauten Alltag ist der innere Wille oft übertönt. Stille, Meditation, bewusste Pausen schaffen Raum, um ihn zu hören.

Resonanz prüfen: Was fühlt sich im Herzen frei und leicht an? Was fühlt sich schwer, eng, erzwungen? Der Wille schwingt in Resonanz mit dem Feld.

Mut zur Wahrheit: Den Willen zu leben, heißt oft, gegen Erwartungen zu handeln. Mut, sich selbst treu zu bleiben, ist entscheidend.

Loslassen von Kontrolle: Wille ist nicht Kontrolle, sondern Hingabe an das Leben, an das große Ganze.

Der Wille ist die Brücke zwischen Quelle und Manifestation, zwischen Sein und Werden. Er ist das Herz des schöpferischen Aktes, der jeden Moment neu beginnt.

Wenn du deinen wahren Willen entdeckst, dann bist du kein Getriebener mehr, kein Spielball der Umstände, sondern ein bewusster Schöpfer deines Lebens.

Dein Wille ist das Gesetz, das aus deinem Ursprung spricht.

KAPITEL 23 : WORTE ALS WERKZEUGE ODER WAFFEN

Vom Zauber, der verloren ging – und dem Missbrauch der Sprache

Sprache kann Magie sein.
Sie kann einladen, heilen, öffnen – oder sie kann zerschneiden, lähmen, manipulieren.
Die Sprache ist unser Werkzeug, um Wirklichkeit zu gestalten – und zugleich das schärfste Schwert im Kampf um Deutungshoheit.

In einer Welt, in der Etiketten mehr zählen als Erfahrung, werden Worte oft wie Waffen benutzt. Man zückt sie wie Dolche, schleudert sie wie Steine oder benutzt sie als Tarnumhänge – nicht, um zu verstehen, sondern um zu kontrollieren.
Doch Worte sind keine neutralen Mittel. Sie tragen Geschichte, Energie, Absicht – und sie formen unser Denken.

Der Unterschied zwischen einem Wort und einem Etikett
Ein Wort kann eine Tür sein.
Ein Etikett ist ein Schloss.

Etiketten haben die Tendenz, Menschen festzunageln.
„Du bist halt so", „Er ist ein Narzisst", „Das ist eine schwierige Person."
Solche Aussagen wirken wie Urteile, wie Auslöschungen.
Sie ersetzen lebendige Wahrnehmung durch eine starre Einordnung.

Ein Etikett ist kein Zugang – es ist ein Vorurteil in sprachlicher Form.

Wenn wir stattdessen sagen:
„Ich spüre bei ihm eine Angst, sich zu öffnen",
oder:
„Sie wirkt auf mich verletzlich hinter ihrer Fassade",
öffnen wir einen Raum.
Wir benennen nicht nur, wir erkennen an.
Wir bleiben im Feld des Möglichen – nicht im Urteil des Festgelegten.

Worte als Resonanzkörper – oder als Lärmquelle

Ein echtes Wort schwingt. Es hat Klang, Tiefe, Bedeutung.
Ein leerer Begriff lärmt nur – und überdeckt.

Wenn Sprache zur Blendung wird, verliert sie ihre Kraft. Das geschieht oft bei Phrasen, die sich klug geben, aber innerlich hohl sind.
Sie erzeugen Schein-Kommunikation, die nicht berührt.
Man spricht dann zwar – aber niemand ist wirklich da.

So auch bei Pseudowissenschaftlichem, bei Jargon, bei psychologischen Etiketten, bei „Identitäts-Sprache".
Was ursprünglich klärend wirken sollte, dient plötzlich der Selbstdefinition im Außen.
Man sagt nicht mehr: „Ich fühle mich heute verletzt",
sondern: „Ich habe ein Bindungstrauma."
Man sagt nicht mehr: „Ich habe Angst",

sondern: „Ich bin introvertiert."

Die Sprache verliert so ihre direkte Berührung –
sie wird kühl, objektivierend, und letztlich entmenschlichend.

Das Unwort: „tatsächlich" – und warum es so schwer verdaulich ist

Es gibt Worte, die wirken wie Samt – sie berühren die Haut und die Seele.
Und es gibt Worte wie „tatsächlich".
Sie kratzen.
Sie poltern.
Und sie werden leider allzu oft missbraucht – besonders von Menschen, die sich als „gebildet" inszenieren möchten.

„Tatsächlich" ist zum Lieblingswort der selbsternannten Intellektuellen geworden.
Es wird inflationär verwendet, mit einem Unterton von Überlegenheit:
„Tatsächlich war das schon immer so."
„Tatsächlich ist das wissenschaftlich belegt."
„Ich habe tatsächlich ..."

Dabei vermittelt das Wort unterschwellig:
Ich weiß es besser.
Ich bin informiert.
Ich spreche von Fakten – du nur von Meinungen.

Der Ursprung: Tat + Sache + lich

Wortherkunft ist entlarvend – gerade bei solchen Zauber-ver-
nichtenden Begriffen.
„Tatsächlich" setzt sich zusammen aus:

Tat – das, was getan wurde, ein Handlungsgeschehen

Sache – ein abstraktes Ding, eine faktische Angelegenheit

-lich – eine Adjektivendung im Deutschen, die Zugehörigkeit
oder Beschaffenheit ausdrückt

Tatsächlich meint also: „in Bezug auf eine Tat-Sache", „was sich
in der Handlung zeigt".
Doch was klingt wie geerdete Wahrhaftigkeit, ist in Wirklichkeit
eine sprachliche Abriegelung.
Denn wer „tatsächlich" sagt, sagt auch: Es gibt keine andere
Sicht darauf.
Es ist ein Wort, das sich gegen die lebendige Vielfalt der Wahr-
nehmung stellt.

Der Gebrauch – eine Maske der Wichtigkeit

„Tatsächlich" wird oft benutzt, um sich absichern zu wollen.
Man will „vernünftig" klingen, „seriös", „kompetent".
Doch dabei schleicht sich ein unterschwelliger Druck ein:
Es klingt nach Belehrung.
Nach Dominanz.
Nach Kontrollbedürfnis.

Die inflationäre Nutzung des Wortes hat es entzaubert.

Es ist keine Klarheit mehr, die da spricht – sondern Eitelkeit.

Man merkt, wenn Menschen sich im Spiegel ihrer Worte gefallen.

Und bei „tatsächlich" wird dieser Spiegel oft sehr laut.

Wer viel „tatsächlich" sagt, glaubt selten noch an das Subjektive.

Er hat die Welt in „Tatsachen" eingeteilt – und die Seele darin vergessen.

Sprache ist Schöpfung – oder Zerstörung

Wir vergessen oft: Jedes Wort erschafft Realität.

Nicht nur äußerlich, sondern in uns selbst.

Wenn ich sage: „Ich bin halt so", schließe ich Entwicklung aus.

Wenn ich sage: „Ich bin eine Person, die …", dann identifiziere ich mich mit einer Maske.

Denn wie wir bereits gesehen haben:

Das Wort Person stammt von persona, der griechisch-lateinischen Bezeichnung für die Theatermaske.

Es bedeutet wörtlich: „die hindurch klingt" – also die Maske, durch die die Stimme des Schauspielers dringt.

Wer sich selbst zur „Person" erklärt, spricht durch eine Maske – eine Rolle, nicht das Wesen.

Und genau hier setzt die Gefahr der Sprache ein:

Sie kann uns – wenn unbewusst genutzt – in Rollen festhalten,

in Identitäten einsperren,

in Selbstbildern einfrieren.

Fazit: Worte wirken. Immer.

Sprache ist kein Dekor – sie ist schöpferisch.
Ein Satz kann eine Brücke sein. Oder ein Fallbeil.
Ein Wort kann heilen. Oder verdammen.
Wir sind eingeladen, neu zu hören, neu zu sprechen – mit Bewusstheit.
Und vor allem: mit der Bereitschaft, nicht alles benennen zu müssen.

Denn das, was wirklich echt ist,
braucht keine Etiketten.
Es braucht nur Stille –
und ein ehrliches Wort zur rechten Zeit.

KAPITEL 24 : GEFÄHRLICH FREI – DIE ANGST VOR DEM UNKONTROLLIERTEN

Freiheit. Ein Wort, das zugleich Sehnsucht und Furcht in sich trägt. Wer wünscht sie sich nicht, frei zu sein? Frei von Zwängen, von äußeren Vorgaben, frei zu denken, zu fühlen, zu handeln. Und doch: Gerade diese Freiheit ist es, die vielen Menschen Angst macht. Nicht die Freiheit an sich, sondern das Unkontrollierte darin.

Warum ist Freiheit oft so „gefährlich"? Warum erzeugt die Aussicht auf ungebundenes Handeln häufig Unsicherheit, Widerstand und Angst? Weil Freiheit mit Verantwortung einhergeht. Und Verantwortung verlangt Mut. Sie verlangt, dass wir nicht mehr bequem hinter Regeln, Normen und vorgegebenen Rollen Schutz suchen, sondern selbst die Steuerung übernehmen.

Das Unkontrollierte steht für das Unbekannte, das Unvorhersehbare. Wer sich fürchtet, die Kontrolle zu verlieren, klammert sich an Sicherheiten – an Gesetze, Konventionen, an die Rollen, die ihm zugewiesen wurden oder die er sich selbst auferlegt hat. Freiheit wird damit zum Risiko, zum Spiel mit dem Chaos. Und Chaos wird in unserer Welt mit Gefahr assoziiert.

Doch ist das wirklich so? Ist Freiheit tatsächlich gefährlich? Oder ist die Angst vor der Freiheit eine Folge unserer konditionierten Wahrnehmung?

Wenn wir geboren werden, sind wir frei. Rein, unberührt von gesellschaftlichen Mustern. Unsere erste Freiheit ist die Freiheit des Seins. Doch je älter wir werden, desto mehr Mauern bauen wir um uns – Mauern aus Glaubenssätzen, Ängsten, Erwartungen. Wir werden zu Gefangenen unserer eigenen Vorstellungen.

Die Angst vor dem Unkontrollierten ist oft die Angst vor uns selbst. Vor der eigenen Größe, der eigenen Kraft. Denn Freiheit bedeutet auch: Das eigene Leben in die Hand zu nehmen, es zu gestalten, selbst für sich einzustehen. Es bedeutet, die Schattenseiten zu kennen – die Unsicherheit, die Zweifel, den Schmerz, der mit jedem authentischen Schritt kommen kann.

Aber Freiheit ist nicht nur Risiko – sie ist vor allem Möglichkeit. Die Möglichkeit, das eigene Wesen zu entfalten, jenseits der fremdbestimmten Masken und Zwänge. Die Möglichkeit, wirklich zu leben statt nur zu funktionieren.

Wer die Freiheit fürchtet, lebt in Ketten. Nicht von anderen gelegt, sondern von der eigenen Angst geschmiedet. Und wer diese Ketten sprengen will, muss lernen, das Unkontrollierte zu umarmen – es nicht als Bedrohung, sondern als Teil des Lebens zu sehen.

Freiheit ist ein Tanz auf dem Drahtseil zwischen Sicherheit und Chaos. Sie fordert uns heraus, den Sprung zu wagen, ohne zu wissen, was unten wartet. Aber genau in diesem Sprung liegt das Potenzial zur Transformation. Zur Heilung. Zum Erwachen.

Wenn wir uns erlauben, frei zu sein, hören wir auf, Opfer von Umständen zu sein. Wir werden zu Schöpfern unseres eigenen Lebens. Wir erkennen, dass wahre Kontrolle nicht im Festhalten liegt, sondern im Loslassen. Im Vertrauen in die Kraft, die uns trägt – auch wenn der Weg unsicher scheint.

Die Angst vor der Freiheit ist eine Einladung. Eine Einladung, uns selbst zu begegnen, unsere Begrenzungen zu erkennen und zu überwinden. Sie ruft uns dazu auf, mutig zu sein, wirklich zu leben und das Unkontrollierte als Teil unserer schöpferischen Kraft zu erkennen.

Denn nur wer frei ist, kann wirklich lieben, wirklich fühlen, wirklich sein.

Und das ist kein Risiko. Das ist das größte Geschenk.

KAPITEL 25 : VERSTEHEN HEIßT ENTWIRREN – UND NICHT GLAUBEN

Es gibt eine stille Kunst, die uns niemand beigebracht hat.

Eine uralte Fähigkeit, die mit der Seele geboren wird, doch früh erstickt:

Verstehen.

Nicht analysieren.

Nicht interpretieren.

Nicht glauben.

Sondern wirklich – verstehen.

Doch was heißt das?

Und warum ist dieses Verstehen so selten geworden in einer Welt, die sich für so aufgeklärt hält?

Der Irrtum des Glaubens

„Ich glaube daran."

„Ich glaube, das ist so."

„Ich glaube, ich bin richtig."

Glaube ist heute ein Ersatz für Wissen geworden.

Ein Ersatz für echtes Begreifen.

Doch der Glaube – so edel er sich kleidet – ist oft nur eine innerlich dekorierte Unwissenheit.

Er hat kein Fundament. Er schwimmt – oft auf Angst.

Denn wer glaubt, will sich festhalten.

Will nicht verloren gehen im Ozean des Ungewissen.

Doch Wahrheit fürchtet kein Ungewisses.

Sie will durchdrungen werden – nicht geglaubt.

Wenn du glaubst, stellst du nicht mehr in Frage.

Wenn du glaubst, unterscheidest du nicht mehr.

Wenn du glaubst, gibst du dein inneres Sehen an etwas Äußeres ab – an eine Autorität, ein Dogma, eine fremde Stimme.

Doch Verstehen ist das Gegenteil:

Es ist ein inneres Freiwerden.

Verstehen ist wie das Entwirren eines Knotens

Verstehen ist kein Blitzeinschlag.

Es ist eher ein geduldiges Entknoten.

Ein zartes Fühlen, ein Lauschen auf die leisen Linien zwischen den Dingen.

Wenn ein Mensch wirklich versteht, dann hört er auf, zu kämpfen.

Denn er erkennt, was wie zusammenhängt.

Er sieht nicht nur das Offensichtliche – er erkennt die Struktur darunter.

Er sieht nicht mehr nur Symptome – sondern Ursachen.

Ein wahrhaft verstehender Mensch wird stiller.

Weicher.

Wacher.

Er urteilt nicht mehr so schnell – weil er sieht, wie viele Fäden in jedem Bild verwoben sind.

Der Nebel der Begriffe

Was uns vom Verstehen abhält, ist oft nicht unsere Dummheit –

sondern unser Übermaß an Begriffen.

Wir wurden früh trainiert, mit Schlagworten um uns zu werfen:

„Gerechtigkeit", „Staat", „Wissenschaft", „Freiheit", „Recht", „Identität".

Doch diese Begriffe sind oft abgetrennt von Leben.

Sie sind Denk-Kapseln – glatt, abgeschlossen, autorisiert.

Man darf sie nicht infrage stellen.

Wenn du heute sagst:

„Ich verstehe nicht, was der Staat eigentlich ist" –

dann giltst du als gefährlich.

Wenn du sagst:

„Ich erkenne, dass Recht nicht immer gerecht ist" –

dann sagt man: Du spinnst.

Wenn du fragst:

„Ist diese Wissenschaft wirklich offen für Erkenntnis – oder verkauft sie nur Modelle?" –

dann wirst du als Leugner gebrandmarkt.

So funktioniert Dogma:

Es ersetzt inneres Verstehen durch äußere Begriffsgewalt.

Und damit bindet es.

Es macht dich zu jemandem, der zwar redet – aber nicht erkennt.

Entwirren heißt: den Schleier lüften

Ein echtes Verstehen lüftet den Schleier.

Es fragt:

Woher kommt dieser Begriff? Wem dient er? Was soll er verschleiern?

Verstehen fragt nicht nur „Was ist das?" –

sondern auch: „Wie wurde es zu dem, was es jetzt scheint?"

Ein Beispiel:

Das Wort „Person".

Wie oft haben wir es benutzt, ohne je zu fragen, was es wirklich bedeutet?

Doch wie wir wissen:

Es kommt von persona – die Maske.

Die Rolle.

Wenn ich mich als „Person" begreife, dann spreche ich durch eine Maske.

Wenn ich aber verstehe, was dieser Begriff tut, dann erkenne ich:

Ich kann ihn benutzen – aber er bin nicht ich.

So entwirrt sich Identität.

So fällt die Illusion.

Glauben ist Stillstand – Verstehen ist Bewegung

Glauben will festhalten.

Verstehen erlaubt Veränderung.

Glaube macht dich gefügig.

Verstehen macht dich wach.

Glaube lebt von Dogmen.

Verstehen lebt von Offenheit.

Es gibt eine tiefe Entspannung, die in echtem Verstehen liegt:

Denn plötzlich brauchst du nichts mehr verteidigen.

Du erkennst, dass alles miteinander verwoben ist – dass alles ein Ausdruck ist von etwas Tieferem.

Ein Mensch, der versteht, muss nicht mehr „Recht haben".

Er will nicht mehr glänzen.

Er will nicht überzeugen.

Er lebt einfach – und lässt andere leben.

Verstehen braucht Mut

Denn wer wirklich versteht, wird früher oder später mit einem Schmerz konfrontiert:

Dem Schmerz, betrogen worden zu sein.

Nicht nur von anderen.

Sondern von der eigenen Gewohnheit zu glauben.

Verstehen heißt, den Teppich hochzuheben.

Und manchmal liegt darunter nicht nur Staub – sondern ein ganzes Nest aus Lügen.

Verstehen bedeutet, sich von Illusionen zu verabschieden:

Vom Ideal der „gerechten Obrigkeit".

Vom Glauben an „gute" Gesetze.

Vom Mythos der „unabhängigen Wissenschaft".

Von der Idee, dass „das System" dich schützt.

Dieser Moment tut weh.

Aber er ist der erste Schritt in die Freiheit.

Entwirrung führt zur Eigenmacht

Wenn du den Knoten gelöst hast –

wenn du begriffen hast, wie die Verwicklungen funktionieren –

dann brauchst du keine Gurus mehr.

Du brauchst keine Politiker, keine Experten, keine Prediger, keine Erlöser.

Dann wird dein inneres Wissen zur Orientierung.

Dann wird dein Spüren zur Wahrheit.

Dann wird dein Lauschen zur Quelle.

Verstehen bringt dich zurück zu dir.

Sprache als Wegweiser

Auch hier ist die Sprache wieder Schlüssel oder Falle.

Wenn du verstehst, was Worte tun, wie sie wirken und woher sie kommen –

dann kannst du sie nutzen, anstatt dich von ihnen benutzen zu lassen.

Verstehen beginnt mit dem Hinsehen.

Mit dem Fragen.

Mit dem Lauschen hinter die Kulissen.

Dann wird aus einem Wort wie „Bürger" nicht mehr nur ein Etikett –

sondern ein Hinweis:

Ah, ich soll bürgen? Für wen? Warum? Wem nützt das?

Dann wird aus „Gesetz" keine Heiligkeit –

sondern eine Frage:

Was ist ein „Gesetz" ohne Souverän? Wer spricht es – und mit welchem Recht?

Dann wird aus „Ich bin halt so" ein Irrtum –

und aus „Ich bin" eine Wahrheit.

Verstehen ist wie ein Gebet ohne Worte

Es braucht keine lauten Erklärungen.

Es braucht nur das stille Einverstanden-Sein mit dem Prozess der Ent-Wicklung.

Denn was sich entwirrt, muss nicht mehr bekämpft werden.

Es darf sich einfach lösen.

In diesem Lösen liegt die Rückkehr.

Zurück zu dem, was du immer warst:

Ein Wesen voller Klarheit.

Ein Mensch mit Seele.

Ein fühlendes Bewusstsein, das nicht glaubt – sondern weiß.

Fazit:

Verstehen heißt entwirren – und nicht glauben.

Es ist kein intellektueller Akt, sondern ein innerer Reifungsprozess.

Ein Stillwerden im Lärm der Meinungen.

Ein Hinlauschen auf das, was war – und das, was ist.

Verstehen macht dich nicht besser –

aber freier.

Und es nimmt dir die Angst.

Denn wenn du siehst, was wirklich ist,

brauchst du nicht mehr glauben.

Du bist einfach.

KAPITEL 26 : UNSCHULD – JENSEITS VON UR-TEIL UND SCHULD

Unschuld – welch ein starkes, beinahe kindliches Wort. In einer Welt, die auf Anklage, Verteidigung, Urteil und Bestrafung aufgebaut scheint, wirkt es fast wie ein Anachronismus. Und doch: In der Tiefe des Menschseins ist sie noch da. Unversehrt. Unantastbar. Unschuld ist kein Zustand, der vor Gericht verhandelt werden kann. Sie ist kein Etikett, das uns von außen verliehen wird. Sie ist eine innere Qualität – die Wahrheit eines Wesens, das sich selbst im tiefsten Licht erkennt.

Die gängige Vorstellung von Unschuld ist untrennbar verknüpft mit dem Gegenteil: Schuld. Wer nicht schuldig ist, gilt als unschuldig. Doch das ist eine künstliche Polarität – ein Gedankengefängnis, das auf Bewertung und Trennung basiert. In Wahrheit ist Unschuld kein Gegenteil, sondern ein Zustand jenseits aller Gegensätze.

Die Maskerade des Schuldprinzips

Das Schuldprinzip durchzieht unser gesamtes gesellschaftliches Denken: vom Strafrecht über das Steuersystem bis hin zur Religion. Schuldige müssen zahlen, sich bessern, Buße tun, sich unterwerfen. Schuld wird durch Gesetze definiert – und durch Instanzen beurteilt, die sich selbst über andere stellen. Doch wer entscheidet, was „schuldhaft" ist? Wer erhebt sich zum Richter über Wahrheit?

Hier liegt der Kern der Verdrehung: Schuld wird institutionalisiert, während Unschuld stets angezweifelt oder aberkannt wird. Kinder gelten als unschuldig – bis sie „lernen", was Recht und Ordnung ist. Menschen gelten als unschuldig – bis ihnen das Gegenteil bewiesen wird. Und was nicht bewiesen werden kann, wird durch Annahmen, Konstrukte und Verordnungen ersetzt.

Unschuld als Ursprungskraft

Unschuld im ursprünglichen Sinn ist nackte Wahrheit. Kein Versteck, keine Maske, kein Motiv. Sie ist nicht die Abwesenheit von Fehlern, sondern das tiefe Wissen: „Ich bin." Ohne Schuldgefühl. Ohne Verteidigungsreflex. Ohne Angst vor Bewertung. Unschuld lebt in der völligen Gegenwärtigkeit.

Ein Mensch, der in seiner Unschuld ruht, muss nichts beweisen. Er schuldet nichts. Er verteidigt nichts. Er kämpft nicht für Recht, sondern steht in Wahrheit. Das macht ihn unangreifbar – nicht vor Gericht, sondern im Feld der Wirklichkeit.

Unschuld ist kein Zustand, der erreicht werden kann. Sie ist eine Erinnerung. Eine Rückverbindung an den Ursprung, der jenseits aller Geschichten liegt. Sie ist wie klares Wasser: Sie reinigt nicht, sie ist rein. Wer sie in sich berührt, beginnt die Welt mit anderen Augen zu sehen – nicht durch das Prisma von Schuld, sondern durch die Linse des Wesens.

Die Revolution der Unschuld

Wenn wir Unschuld wieder als innere Wirklichkeit erkennen, dann endet das Spiel aus Schuld und Strafe, Macht und Unterwerfung. Dann braucht es keine Rechtfertigung mehr, keine Reue, keine Bußgänge. Es braucht nur ein aufrechtes, atmendes Hier bin ich.

Diese Haltung ist radikal. Denn sie entzieht allen künstlichen Autoritäten die Macht. Sie steht nicht über anderen, aber sie unterwirft sich auch niemandem. Sie ist frei – nicht von Fehlern, aber von der Illusion, sich für das eigene Dasein entschuldigen zu müssen.

Unschuld ist kein Privileg. Sie ist kein moralischer Orden. Sie ist die Natur des Seins – unverletzt, unantastbar, unvergänglich. Wer sich an sie erinnert, muss sich nie wieder schuldig fühlen für das, was er ist.

KAPITEL 27 : VERANTWORTUNG – DER RUF AUS DEM INNERSTEN

Verantwortung.

Ein großes Wort – oft missverstanden, oft missbraucht.

Es wird verwechselt mit Last, mit Pflicht, mit der Übernahme fremder Erwartungen.

Doch wahre Verantwortung hat nichts mit „Schuld tragen" zu tun.

Sondern mit dem Mut, sich selbst ernst zu nehmen.

Verantwortung heißt: Antwort geben können.

Nicht nach außen – sondern nach innen.

Nicht vor einem Gericht, nicht vor einem Amt, nicht vor den Augen anderer –

sondern vor dir selbst.

Der Ursprung liegt im Wort selbst:

Ver-Antwort-ung.

Ich bin in der Lage, Antwort zu geben – auf mein Leben.

Das Leben fragt mich, wer ich bin – und ich antworte,

nicht mit Worten, sondern mit meinem Sein.

Verantwortung ist kein Druck.

Verantwortung ist eine Wahl.

Ich wähle, wie ich mit meiner Kraft umgehe.

Ich wähle, ob ich manipulierbar bin oder aufrecht.

Ich wähle, ob ich Ja sage oder Nein.

Ich wähle, ob ich in der Illusion bleibe oder aufwache.

Wahre Verantwortung kennt keine Schuld.

Sie fragt nicht: Wer hat es getan?

Sondern: Wer ist jetzt bereit, bewusst zu handeln?

Und so ist Verantwortung der Moment,

in dem du aufhörst, Opfer zu sein.

In dem du anerkennst: Ich bin nicht alles, was geschieht.

Aber ich bin derjenige, der darauf antwortet – aus Freiheit,
nicht aus Angst.

Verantwortung ist kein moralisches Muss.

Es ist der Ruf deiner Seele,

der dich erinnert:

Du bist nicht hier, um zu dienen –

sondern um zu leuchten.

KAPITEL 28 : DIE GROßE EINLADUNG – DAS LEBEN RUFT DICH

Inmitten all der Illusionen, Verdrehungen, Begriffe und Masken,

inmitten von Rollen, Registern, Ritualen und Richtlinien –

gibt es etwas, das nie verstummt:

den Ruf des Lebens.

Es ist kein lauter Ruf.

Nicht schrill, nicht dramatisch.

Es ist ein stilles, klares Pulsieren.

Wie ein Lied, das du schon immer kanntest,

aber vergessen hattest zu summen.

Es ruft dich nicht zum Gehorsam.

Nicht zur Pflicht.

Nicht zum Funktionieren.

Es ruft dich... zu dir.

Die große Einladung ist keine Einladung zu etwas Äußerem,

nicht zu einem System, einem Glauben oder einer Gemeinschaft.

Sondern zu einem tiefen, ehrlichen Blick nach innen:

Willst du wirklich hier sein – als du selbst?

Diese Einladung meint dich,

nicht deine Rolle.

Nicht deine Person, nicht deinen Namen im Ausweis.

Sondern das, was du jenseits all dessen bist.

Die Einladung fragt dich nicht:

Bist du würdig?

Bist du bereit?

Hast du genug geleistet?

Sie fragt nur:

Willst du dich erinnern, wer du bist?

Und in dem Moment, in dem du ehrlich nickst –

nicht vor einem Altar, nicht vor einem Amt,

sondern ganz still –

beginnt etwas zu leuchten.

Die Einladung ist kein Vertrag.

Keine Unterschrift ist nötig.

Kein Zeugnis, keine Zeug*innen.

Nur ein leises:

Ja.

Ja zu deinem wahren Sein.

Ja zu dem, was durch dich in die Welt will.

Ja zu einem Leben jenseits der Kontrolle.

KAPITEL 29 :DER SCHMERZ DER ERKENNTNIS – UND WIE WIR GELERNT HABEN, DAVOR WEGZULAUFEN

Es gibt eine Schwelle in uns,

an der viele kehrtmachen.

Ein inneres Flackern, kaum wahrnehmbar –

und doch so mächtig, dass es ganze Leben in der Illusion hält.

Es ist der Schmerz der Erkenntnis.

Nicht irgendein Schmerz.

Nicht der Schmerz von Verlust oder Krankheit.

Sondern der Moment, in dem die Seele etwas sieht,

was sie vorher nicht sehen konnte – oder nicht sehen wollte.

Erkenntnis tut weh – am Anfang

Denn sie reißt auf.

Sie kratzt an der Fassade.

Sie ist der Moment, in dem die Maske nicht mehr passt

und die Schminke bröckelt.

Wenn du plötzlich erkennst,

dass vieles, was du geglaubt hast,

niemals wahr war –

dass Vertrauen missbraucht wurde,

dass Systeme dich klein gehalten haben,

dass du selbst dich belogen hast –

dann schmerzt das.

Tief.

Erschütternd.

Unvergesslich.

Und genau hier

beginnt die Freiheit – oder der Rückzug.

Warum wir davor flüchten

Erkenntnis zerstört Illusionen.

Aber wir Menschen sind Gewohnheitstiere.

Wir lieben unsere Bilder.

Unsere Rituale.

Unsere „Wahrheiten", die uns schützen wie eine warme De-
cke.

Wer anfängt zu sehen,

wird ungemütlich.

Für sich selbst – und für andere.

Denn wer erkennt, stellt infrage.

Wer erkennt, passt nicht mehr ins Raster.

Wer erkennt, verändert sich.

Doch Veränderung macht Angst.

Nicht, weil sie schlecht ist –

sondern weil sie das Alte sterben lässt.

Und das Sterben des Alten tut weh.

Strategien der Vermeidung

Wir Menschen haben viele elegante Techniken entwickelt,

um Erkenntnis zu vermeiden:

Intellektualisierung:

„Ach, das ist doch bloß eine interessante Perspektive."

(So entkommst du der Tiefe.)

Spiritualisierung:

„Alles ist Liebe. Alles ist richtig so."

(So kannst du Schmerz überspringen, ohne ihn zu fühlen.)

Zynismus:

„War doch klar. Die Welt ist halt schlecht."

(So schützt du dich vor Enttäuschung, indem du alles schon
vorher aufgibst.)

Ablenkung:

Netflix. Instagram. Arbeit. Streit.

(Hauptsache, du kommst nicht ins Spüren.)

Angriff:

Wer dich aufweckt, wird zur Bedrohung erklärt.

Erkenntnis wird projiziert: *„Der ist verrückt."*

„Die ist radikal."

„Das ist Verschwörung."

All das sind Fluchtwege.

Und sie funktionieren – eine Zeit lang.

Aber sie kosten dich das Kostbarste:

Dich selbst.

Der Körper erinnert sich

Was wir vermeiden, bleibt nicht einfach weg.

Es sinkt nur tiefer.

Es wird körperlich.

Der Körper ist der ehrliche Spiegel unserer Erkenntnisverweigerung.

Magenschmerzen, wenn etwas „nicht verdaut" wurde.

Verspannte Schultern, wenn du „alles tragen musst".

Kloß im Hals, weil Worte nie gesprochen wurden.

Müdigkeit, weil die Seele nicht mehr will.

Dein Körper spricht die Wahrheit,

wenn dein Kopf schweigt.

Und oft ist es erst der Schmerz im Körper,

der uns zwingt hinzusehen.

Warum der Schmerz ein Tor ist

Was wäre, wenn du den Schmerz nicht als Feind siehst –

sondern als Tür?

Was wäre, wenn jede Träne ein Schlüssel ist?

Wenn jede Erschütterung eine Erinnerung in sich trägt?

Denn der Schmerz der Erkenntnis ist kein Zufall.

Er ist der Schwellenhüter.

Er prüft:

Willst du wirklich sehen?

Willst du wirklich frei sein?

Oder willst du nur ein bisschen Wahrheit –

so viel, wie du gerade verkraftest?

Freiheit ist kein Spaziergang.

Sie kostet dich das Falsche.

Aber sie schenkt dir das Wahre.

Die Einsamkeit danach

Viele berichten:

Wenn sie beginnen, zu erkennen,

kommt eine Phase der Einsamkeit.

Nicht, weil niemand da ist –

sondern weil du nicht mehr der Mensch bist,

für den dich die anderen gehalten haben.

Du passt nicht mehr ins alte Spiel.

Dein Lachen verändert sich.

Dein Blick wird klarer.

Dein Schweigen tiefer.

Und viele verstehen das nicht.

Sie vermissen die frühere Version von dir –

die mitspielte, lachte, nickte, sich anpasste.

Aber du bist nicht mehr dort.

Du bist aufgebrochen.

Und dann?

Wenn du durch den Schmerz gegangen bist,

kommt etwas Seltenes, Wunderbares:

Ein Gefühl von Weite.

Klarheit.

Verbundenheit.

Nicht mit einem System.

Nicht mit einer Gruppe.

Sondern mit dem, was in dir lebt.

155

Du merkst:

Die Welt ist nicht das, was du gelernt hast –

sie ist viel mehr.

Du bist nicht das, was man dir sagte –

du bist viel tiefer.

Und du brauchst nicht mehr

das Außen, um dich selbst zu finden.

Der Wandel beginnt im Herzen

Was geschieht, wenn Erkenntnis sich gesetzt hat?

Du wirst sanfter.

Nicht schwächer –

sondern weicher im Blick.

Klarer im Wort.

Mutiger im Schweigen.

Du kämpfst nicht mehr gegen Windmühlen.

Du erkennst:

Das System war nie das Problem.

Die Menschen sind nicht das Problem.

Die Verstrickung war das Problem.

Die Blindheit.

Der Schmerz, dem niemand begegnet ist.

Und nun bist du da –

nicht mehr blind.

Nicht mehr taub.

Nicht mehr feige.

Du bist ein Mensch mit Erkenntnis.

Mit Herz.

Mit Tiefe.

Und das verändert alles.

.

Fazit: Der Schmerz ist ein Lehrer

Nicht der bequeme.

Nicht der freundliche.

Aber der wahre.

Wenn du den Mut hast,

ihm zu lauschen,

ihn zu fühlen,

ihn nicht zu umgehen –

dann wird aus Schmerz eine Kraft.

Eine klare, warme, radikale Kraft.

Erkenntnis schmerzt.

Aber sie ist der Weg zurück zu dir.

Und durch dich –

zur Welt.

KAPITEL 30 : INNERE SOUVERÄNITÄT – KEINE ERLAUBNIS NÖTIG

Es gibt einen Ort in dir,

der weder gebunden noch genehmigungspflichtig ist.

Einen Raum jenseits von Rollen, Verträgen, Status und Normen.

Einen inneren Thron – still, schlicht und unwiderruflich.

Er gehört nicht dem Namen, den man dir gab.

Nicht der Person, die du spielen sollst.

Nicht dem Bürger, der Pflichten trägt.

Sondern dir.

Dem, was lebt – vor jeder Bezeichnung.

Wer sich erinnern will, muss zuerst verlernen

Souveränität ist kein Ziel.

Sie ist kein Zertifikat, keine Berufung, keine Approbation.

Sie ist Zustand.

Und doch ist sie so schwer zugänglich geworden –

weil wir von klein auf gelernt haben, dass es „Instanzen" gibt.

Autorisierungen.

Zulassungen.

Lehrer, Richter, Experten, Genehmigungsstellen.

Wir haben gelernt zu fragen:

„Darf ich das?"

Wir haben gelernt, die Antwort außen zu suchen.

Und mit jeder Erlaubnis, die wir erbaten,

haben wir ein Stück Eigenmacht abgegeben.

Bis wir vergaßen,

dass wir von Natur aus niemanden brauchen,

der uns erlaubt, zu sein.

Die größte Illusion ist nicht die Welt da draußen.

Die größte Illusion ist:

Du brauchst Zustimmung, um du zu sein.

Die Krone, die niemand aufsetzt

Das Wort souverän stammt vom lateinischen superanus –

„über allen stehend".

Nicht im Sinne von Herrschaft über andere.

Sondern im Sinne von Unabhängigkeit.

Ein Souverän ist jemand, der nicht beherrscht wird.

In dir lebt genau dieser Ursprung.

Nicht als Macht über andere, sondern als Freiheit von innen.

Eine stille, würdige Souveränität, die sich nicht beweisen muss.

Sie tritt nicht auf, sie erhebt sich nicht.

Sie ist.

Und sie wird leise, wenn man um Erlaubnis fragt.

Denn wahre Souveränität kennt keinen Antrag.

Kein Formular.

Kein Urteil.

Kein Stempel.

Sie ist.

Punkt.

Sie wartet nicht auf Bestätigung.

Sie fragt nicht nach Anerkennung.

Sie knüpft sich an keine Institution.

Sie lebt dort, wo jemand aufsteht und sich selbst gehört.

Der leise Verrat an uns selbst

Wenn wir sagen:

„Ich bin nicht befugt, das zu entscheiden."

„Ich bin nicht berechtigt, das zu tun."

„Ich muss das erst klären lassen."

– dann verraten wir uns selbst.

Nicht weil wir etwas falsch machen.

Sondern weil wir uns unbewusst von dem entfernen, was uns gehört.

Unsere Stimme.

Unser Feld.

Unser Sein.

Das System lebt davon, dass wir uns „nicht zuständig" fühlen.

Dass wir glauben, nur dann etwas zu dürfen, wenn ein anderer es erlaubt.

Und genau an dieser Stelle beginnt Fremdherrschaft –

nicht durch Gewalt,

sondern durch Einverständnis.

Wir sagen „ja",

weil wir glauben, wir müssen.

Aber:

Du darfst verweigern.

Du darfst nicht mitspielen.

Du darfst du sein.

Ohne Signatur.

Kein Schild nötig

Die Souveränität, die ich meine,

trägt kein Abzeichen.

Sie hat keine Paragraphen auf der Stirn.

Sie muss sich nicht „juristisch korrekt" beweisen.

Sie lebt im Handeln.

Im Schweigen.

Im Blick.

In der unerschütterlichen Klarheit:

„Ich bin. Und ich gehorche nicht dem Unwahren."

Das bedeutet nicht, rücksichtslos zu sein.

Es bedeutet nicht, über andere zu gehen.

Im Gegenteil.

Nur wer sich selbst gehört,

kann dem anderen wirklich begegnen – frei.

Und manchmal heißt Freiheit:

sich nicht mehr verbiegen,

nicht mehr beugen,

nicht mehr spielen.

Sondern: stehen.

Still.

Echt.

Ohne Kampf.

Ohne Beweis.

Kein Mensch ist mehr als du

Diese Sätze darf man in sich einsinken lassen:

– Kein Mensch ist mehr als du.

– Kein Amt ist größer als dein Sein.

– Keine Instanz ist befugt, dein Innerstes zu regulieren.

Alle „Höhergestellten" sind Konstruktionen.

Hüte, Titel, Funktionen –

sie gelten nur in der Bühne des Spiels.

Doch wenn der Vorhang fällt,

ist da: Gleichsein.

Augenhöhe.

Würde.

Wenn du das spürst,

beginnt Freiheit.

Nicht als Idee –

sondern als natürliche Realität.

Du brauchst keine Souveränität zu beantragen. Du bist sie.

Und darum:

Du darfst dir gehören.

Du darfst entscheiden.

Du darfst glauben, fühlen, wissen, hören –

ohne Genehmigung.

Souveränität ist nichts, was man dir geben kann.

Und deshalb:

kann sie dir auch niemand nehmen.

Nicht der Staat.

Nicht das Gericht.

Nicht einmal deine Angst.

Innere Souveränität ist das stille Wissen:

Ich war frei, bevor man mir sagte, dass ich gehorchen muss.

KAPITEL 31 :DAS THEATER VERLASSEN – UND WIRKLICH LEBEN

Es ist nicht das Leben, das schwer ist.

Es ist das Stück, das wir spielen.

Die Rolle, die wir halten.

Das Drehbuch, das uns in der Hand liegt –

voller Vorgaben, Konventionen, Regieanweisungen.

Wir betreten die Welt,

und kaum sind wir da,

werden uns Namen, Nummern, Erwartungen und Verhaltens-
normen gereicht

wie Requisiten.

Einmal angenommen,

nehmen wir Platz auf einer Bühne,

die nicht uns gehört.

Und irgendwann vergessen wir,

dass wir je Zuschauer waren –

oder gar frei.

Der Bühnennebel der Normalität

Die Kulissen sind perfekt.

Man nennt sie „Realität".

Die Scheinwerfer heißen Medien,

die Souffleure: Experten.

Das Publikum: die Gesellschaft.

Wir werden beklatscht, wenn wir funktionieren.

Getadelt, wenn wir aus der Rolle fallen.

Und niemand fragt:

Willst du überhaupt in diesem Stück mitspielen?

Denn es scheint:

Wer den Vorhang verlässt, ist „verrückt".

Unangepasst.

Ein Störer.

Ein Spinner.

Dabei ist er nur:

wach.

Der Bühnennebel, der alles einhüllt, heißt Normalität.

Doch Normalität ist nicht Wahrheit.

Sie ist Konsens.

Ein kollektives „So machen wir das halt."

Aber was, wenn du das nicht mehr willst?

Was, wenn dein Herz nach etwas ruft,

das nicht im Stück vorkommt?

Was, wenn du keine Lust mehr hast,

dich zu verbiegen für ein Publikum,

das selbst vergessen hat, dass es spielt?

Der Moment, in dem du die Maske abnimmst

Es beginnt nicht mit einem Knall.

Es beginnt oft still.

Mit einem Unwohlsein.

Mit einem „Irgendetwas stimmt hier nicht.“

Mit einer Müdigkeit,

die nicht vom Körper kommt,

sondern von der Seele.

Der Moment, in dem du die Maske abnimmst,

ist nicht der Moment der Rebellion –

sondern der Rückkehr.

Rückkehr zu dir.

Zu deinem Blick.

Deiner Stimme.

Deinem Gang.

Er ist ungewohnt.

Ja.

Denn du hast dich lange nach dem Applaus gerichtet.

Doch wenn du zum ersten Mal ohne Skript sprichst,

wird deine Stimme freier.

Roher. Wahrhaftiger.

Die Angst, dich zu zeigen, wird ersetzt

durch die Angst, dich wieder zu verlieren.

Und das ist gut.

Denn dann beginnt das echte Leben.

Jenseits des Stücks: Das Unplanbare

Das Theater gibt dir Sicherheit.

Ablauf. Plan.

Worte, die passen.

Dialoge, die funktionieren.

Doch Leben ist wild.

Unplanbar.

Roh.

Es weicht vom Text ab.

Es verläuft schräg.

Es atmet.

Wenn du die Bühne verlässt,

verlässt du das Erwartbare.

Aber du gewinnst:

Dich.

Du gewinnst das Staunen zurück.

Die Stille.

Das tiefe Hören.

Die Fähigkeit, ein Blatt zu betrachten,

ohne es sofort zu benennen.

Du beginnst zu spüren,

was dir wirklich entspricht –

nicht, weil es im Skript steht,

sondern weil dein Inneres darauf antwortet.

Du beginnst zu gehen,

ohne Ziel.

Aber mit Richtung: nach Hause.

Der Schmerz des Übergangs

Zwischen Rolle und Wirklichkeit

liegt oft ein Schmerz.

Der Schmerz, sich zu lösen.

Der Schmerz, enttäuschte Erwartungen auszuhalten.

Der Schmerz, nicht mehr dazuzugehören.

Aber das alles ist nur das Echo einer Bühne,

die du gerade verlässt.

Du wirst anderen fremd erscheinen.

Manche werden dich verurteilen.

Nicht, weil du falsch bist –

sondern weil du sie erinnerst.

Erinnerst an das,

was auch in ihnen schlummert.

Den Ruf nach Echtheit.

Den Drang nach Freiheit.

Die stille Sehnsucht, wirklich zu leben.

Du wirst unbequem.

Aber nur für die,

die es sich in der Lüge bequem gemacht haben.

Die Einladung zum eigenen Leben

Wenn du das Theater verlässt,

wirst du nicht sofort frei.

Du wirst zuerst leer.

Du hast die Rolle abgelegt –

aber noch keine neue gewählt.

Und das ist gut so.

Denn du musst nicht wählen.

Du darfst sein.

Es ist wie nach einem langen Kostümfest,

wenn du heimkommst,

dich abschminkst,

die Stille spürst

– und plötzlich du bist.

Kein Drama.

Kein Skript.

Kein Beifall.

Nur du.

Atmend.

Wach.

Ungebunden.

Das Leben beginnt hier.

Nicht als Szene.

Sondern als Sein.

Und darum:

Du darfst aussteigen.

Du darfst die Bühne verlassen.

Du darfst aufhören, mitzuspielen –

auch wenn die anderen weitermachen.

Denn das wahre Leben beginnt nicht,

wenn du perfekt spielst.

Sondern wenn du aufstehst und sagst:

„Ich bin kein Darsteller mehr."

Und dann:

gehst du.

KAPITEL 32 :EIN NEUES SEHEN – JENSEITS DER MASKE

Du hast die Bühne verlassen.

Die Rolle abgelegt.

Die Maske abgelegt.

Was bleibt?

Zuerst: der Blick.

Ein Blick, der nicht mehr durch Rollen filtert,

nicht mehr nach Bestätigung sucht,

nicht mehr durch die Linse „Wie wir das hier sehen" schaut.

Es ist der Blick des neuen Sehens.

Ein Blick, der nicht urteilt,

sondern erkennt.

Nicht kategorisiert,

sondern wahrnimmt.

Es ist der Blick der Wahrheit,

der nicht nach außen,

sondern von innen kommt.

Die Augen der Konditionierung

Jahrzehnte lang hast du durch ein Raster gesehen.

Unbemerkt.

Wie durch ein Netz aus Worten, Regeln, Bildern.

Was richtig war,

was falsch war,

was schön war,

was zu verachten war –

all das kam nicht aus dir,

sondern war dir aufgesetzt wie eine Brille,

deren Gläser du nie selbst gewählt hast.

Diese Brille färbt.

Sie macht aus einem Menschen eine „Frau" oder einen „Mann",

aus einem Leben ein „Erfolg" oder „Scheitern",

aus einem Moment ein „Problem" oder „Chance".

Und du hast gedacht, du siehst klar.

Doch du sahst durch Fremdsinn.

Durch ein System aus Zuschreibungen,

die du nie selbst geprüft hast.

Das Sehen ohne Etikett

Wenn die Maske fällt,

fallen auch die Etiketten.

Du beginnst zu sehen,

was ist – ohne Beschreibung.

Ohne Erklärung.

Ohne Urteil.

Ein Mensch steht vor dir –

und er ist nicht mehr „alt", „arm", „krank", „komisch" oder
„gebildet".

Er ist: gegenwärtig.

Ein Wesen mit Geschichte, Tiefe, Geheimnis.

Ein Kind ist nicht mehr „ungezogen",

sondern eine Stimme der Freiheit.

Ein Obdachloser nicht mehr „gescheitert",

sondern: ein Spiegel.

Du siehst die Welt nicht mehr nach Wert,

sondern nach Wesen.

Und das verändert alles.

Jenseits der Maske ist Verbindung

Die Maske trennt.

Sie macht dich zur Rolle,

mich zur Rolle,

und dann verhandeln wir miteinander wie zwei Hüllen.

Zwei Programme.

Zwei Egos.

Ohne Maske:

keine Verteidigung.

Kein Status.

Keine Tarnung.

Da ist nur das, was wirklich ist.

Und das heißt:

Begegnung.

Wenn ich dich sehe,

wie du bist – nicht wie ich dich will –

und du mich siehst – nicht wie du mich brauchst –

dann entsteht etwas, das kein Vertrag, kein System, keine
Regel je geben kann:

Wirkliche Nähe.

Wirkliches Erkennen.

Wirkliches Menschsein.

Das Sehen mit dem Herzen

Das neue Sehen ist kein „mehr wissen".

Es ist ein „weniger wissen müssen".

Es ist leiser.

Langsamer.

Sanfter.

Es schaut nicht mit dem Kopf,

sondern mit dem Herzraum.

Es vergleicht nicht,

es empfängt.

Es fragt nicht:

„Was bringt mir das?"

sondern:

„Was spricht hier zu mir?"

Und manchmal sagt es nur:

Still. Schau. Da ist Leben.

Und du schaust –

und du bist nicht mehr Zuschauer,

nicht mehr Spieler,

nicht mehr Bewerter.

Du bist: Zeuge.

Mitten im Leben.

Mitten in der Wahrheit.

Die große Ernüchterung – und das große Staunen

Das neue Sehen ist unbequem.

Denn du siehst,

was du lange nicht sehen wolltest.

Die Maske der Politik.

Die Fassade der Religion.

Die Lüge des Erfolgs.

Die Gewalt hinter der Norm.

Du siehst, was weh tut.

Aber du siehst wirklich.

Und gleichzeitig:

du beginnst zu staunen.

Nicht über Spektakel –

sondern über das Echte.

Ein Blatt im Wind.

Ein stilles Lächeln.

Ein Kind, das einfach ist.

Ein alter Mensch, der nichts mehr spielt.

Du siehst den Zauber des Unscheinbaren.

Die Schönheit im Alltäglichen.

Die Stille, in der alles spricht.

Wenn Worte zu leise werden

Es kann sein,

dass du im neuen Sehen

weniger sagst.

Weniger erklären kannst.

Weniger diskutierst.

Nicht, weil du nichts mehr weißt –
sondern weil das, was du siehst,
nicht in Worte passt.

Du wirst langsamer.
Achtsamer.
Klarer.

Du beginnst, zwischen den Zeilen zu lesen –
nicht nur in Büchern,
sondern in Menschen.

Und dort findest du keine Meinungen mehr,
keine Rollen,
keine Masken.

Du findest nur noch:
Wesen.
Und du erkennst dich selbst in ihnen.
Denn jenseits der Maske
bist du immer ihnen gleich.

Ein neuer Blick – eine neue Welt

Du brauchst keine Weltreise,

keinen Guru,

keinen Umbruch.

Du brauchst nur diesen neuen Blick.

Den Blick, der nicht wissen muss.

Nicht kontrollieren will.

Nicht urteilt.

Sondern:

sieht.

Dann ist alles da.

Die Wahrheit.

Die Verbindung.

Die Stille.

Der Sinn.

Und du stehst da –

nicht als Rolle,

nicht als Bürger,

nicht als Frau oder Mann,

nicht als Funktion –

sondern als du.

Und du schaust –

und die Welt schaut zurück.

KAPITEL 33 : DER LETZTE VORHANG – UND DANN?

Wenn der letzte Vorhang fällt, dann beginnt nicht das Ende.

Dann beginnt das, was vorher zu zart war für die Bühne.

Das Unauffällige. Das Echte. Das Ungespielte.

Denn wer den Vorhang erkennt als Illusion,

der erkennt auch: Er war nie wirklich da.

Nur aus Erwartung gewebt, aus Rollen genäht,

aus Geschichten gefüttert, die nicht die eigenen waren.

Die Bühne war gut gebaut.

Ein Jeder bekam sein Skript, seine Markierung, sein Stichwort.

Doch wer einmal hinter die Kulissen blickt,

der wird nicht mehr Teil des Schauspiels sein wollen.

Dann geht er – oder sie – ins Freie.

Ohne Maske. Ohne Rolle.

Und zum ersten Mal ist nicht wichtig, was man sagt,

sondern was man ist.

Denn das Spiel endet nicht mit einem Knall,

sondern mit einem Lächeln.

Und der Mensch steht dort –

nicht als Zuschauer, nicht als Darsteller –

sondern als Wesen. Als Wahrheit.

Als der, der nie Teil der Illusion war.

Wenn der letzte Vorhang fällt,

wird Stille hörbar.

Und du erinnerst dich:

Du bist nie verloren gewesen.

EPILOG

Wenn der letzte Vorhang fällt – Das wahre Leben beginnt
dort, wo das Schauspiel endet

Ein letzter Ton.

Ein letzter Applaus.

Der Vorhang fällt.

Und plötzlich: Stille.

Nicht die Stille des Endes,

sondern die des Anfangs.

Nicht Leere – sondern Raum.

Nicht Tod – sondern Geburt.

Denn wenn das Spiel zu Ende ist,

wenn die Rollen schweigen,

wenn die Masken in den Staub sinken,

dann geschieht das,

worauf alles hinauslief –

die große Rückkehr.

Zu dir.

Das Leben nach der Rolle

Es ist seltsam,

wenn man beginnt,

nicht mehr jemand sein zu müssen.

Keine Funktion.

Kein Bild.

Kein Beweis.

Es ist leicht –

und gleichzeitig fordernd.

Denn was bleibt,

wenn du niemandem mehr etwas zeigen musst?

Wenn es keine Bühne mehr gibt,

keinen Applaus,

keinen Regisseur?

Was bleibt, ist: Wirklichkeit.

Und die fragt nicht:

„Wer bist du?"

Sondern:

„Bist du da?"

Bist du da –

mit Haut und Herz?

Mit offenem Blick?

Mit nackter Seele?

Der Geschmack der Wahrheit

Das wahre Leben schmeckt anders.

Nicht süßer,

nicht bequemer –

aber echter.

Ein Regen,

der dich wirklich durchnässt.

Ein Lachen,

das aus deinem Bauch kommt.

Ein Nein,

das du endlich sagen darfst.

Ein Ja,

das du meinst.

Es ist kein „schöneres" Leben,

aber ein volleres.

Du bist nicht mehr Zuschauer deines eigenen Films.

Du bist nicht mehr Statist im Skript der Welt.

Du bist: Schöpfer,

Zeuge,

Mitschwingender im großen Tanz des Lebendigen.

Nichts zu tun – alles zu sein

Es gibt nichts mehr zu erreichen.

Nichts zu verdienen.

Nichts zu verteidigen.

Nur eins:

Zu sein.

Wahrhaftig.

Verbunden.

Wach.

Wenn der Vorhang fällt,

endet das Theater –

aber das Leben beginnt.

Das Leben ohne Maske.

Ohne Vertrag.

Ohne Fassade.

Das Leben, das sich nicht mehr versteckt hinter Titeln,

Rechten,

Pflichten,

Meinungen.

Sondern das sich zeigt:

als Atem,

als Licht,

als Mensch.

Die Einladung

Dieses Buch war kein Lehrbuch.

Kein Dogma.

Kein System.

Es war eine Einladung.

Zum Erinnern.

Zum Entwirren.

Zum Zurückkehren.

Dorthin,

wo du nie wirklich weg warst –

aber lange nicht mehr geschaut hast.

Dorthin,

wo keine Rolle dich retten muss.

Wo keine Maske dich schützt.

Wo du einfach:

bist.

So wie du gemeint bist.

Von Anfang an.

Vom Leben selbst.

Wenn der letzte Vorhang fällt,

hörst du vielleicht zum ersten Mal die Stille,

in der alles möglich ist.

Nicht als Versprechen.

Sondern als Gegenwart.

Und vielleicht erkennst du:

Das, was du gesucht hast,

war nie hinter der Bühne.

Nie auf dem Podest.

Nie im Applaus.

Sondern in dir.

In deinem Sein.

In deinem stillen, echten, lebendigen

Jetzt.

Wenn du bereit bist,

brauchst du kein Skript mehr.

Keinen Titel.

Keine Bühne.

Nur diesen einen Schritt.

Aus dem Spiel –

in die Wirklichkeit.

Willkommen.

Zu Hause.

Im Leben.

ANHANG

1.Begriffe im neuen Licht

Begriff	Alte Bedeutung / Systemische Fessel	Neue Sicht / Resonanzfeld
Schuld	Moralische Last, die gesühnt werden muss	Einladung zur Verantwortung ohne Schwere
Person	Juristische Rolle, Fiktion	Maske, die abgelegt werden darf
Bürger	Bürge für das System, Staatsknecht	Wesen im Dienst an der eigenen Wahrheit
Arbeit	Mühe, Pflicht, Last	Wirken in Resonanz und Freude
Eigentum	Besitzanspruch, Abgrenzung	Begegnung mit dem, was sich zeigt
Richter	Vertreter des Gesetzes, Urteilspender	Symbol für Fremdbestimmung
Gesetz	Äußere Ordnung, Kontrolle	Innere Wahrheit, kosmisches Maß

Begriff	Alte Bedeutung / Systemische Fessel	Neue Sicht / Resonanzfeld
Ehe	Vertragsbindung über Institutionen	Verbindung in Freiheit
Sorge	Vorwand für Kontrolle und Angst	Entfällt im Vertrauen
Barmherzigkeit	Gnade von oben herab	Mitfühlende Menschlichkeit

2. Fragen für den eigenen Weg

Wo glaube ich noch, „etwas zu müssen" – statt zu wollen?

Wo habe ich Schuld übernommen, die mir nicht gehört?

Welche Maske trage ich noch – und wovor schützt sie mich?

Was bedeutet für mich „frei sein" – ganz konkret, im Alltag?

Welche Worte benutze ich – und aus welcher inneren Haltung?

Habe ich mir selbst schon verziehen – wirklich?

Welche Vorstellung von „Richtig" halte ich aufrecht – gegen das Leben?

> Nimm dir Raum. Schreib. Fühle. Nichts muss bleiben, wie es war.

3. Bücher, Worte, Quellen

Inspirationen aus verschiedenen Feldern:

Max Stirner – Der Einzige und sein Eigentum

Uwe Behrendt – Die Sache mit dem Menschen

Martin Zoller – Intuition: Dein sechster Sinn

Charles Eisenstein – Die schönere Welt, die unser Herz kennt

Das eigene Herz – Immer erste Quelle

DANKSAGUNG & WIDMUNG

An das Leben

... das nie etwas von mir verlangt hat – außer mich selbst.

An alle Leserinnen und Leser

... die spüren, dass etwas nicht stimmt – und trotzdem weiter-
lieben.

An die Sprache

... die uns fesseln kann – oder befreien.

An Dich

... der du diesen Weg gehst. Ohne Rolle. Ohne Maske. Ohne
Netz.

Und dabei schöner wirst als jede Fiktion.

Dieses Buch ist dir gewidmet.

Dem Menschen hinter der Person.

Dem Wesen, das sich erinnert.

Mara